GOLDMANN **SCHOTT**

Der Autor:

Leonard Bernstein, geboren in Lawrence (Mass.), 25. 8. 1918, studierte an der Harvard Universität (bei W. Piston) und dem Curtis Institut in Philadelphia (bei F. Reiner und R. Thompson). Er ist einer der wenigen anerkannten Komponisten und Dirigenten, die ausschließlich in den USA ausgebildet wurden. Von 1956–1971 war er Chefdirigent des New York Philharmonic Symphony Orchestra. Er komponierte Chor- und Orchesterwerke sowie mehrere Musicals. Seine drei Symphonien sind: JEREMIAS, DAS ZEITALTER DER ANGST und CADDISCH (Uraufführung 1963 in Tel Aviv).

Musicals: ON THE TOWN (1949), WONDERFUL TOWN (1951), WEST SIDE STORY (1957) und OPUS ONE (1974), Oper: A QUIET PLACE (1983).

In der Musikreihe »Goldmann-Schott« sind folgende seiner Bücher erschienen:
»Musik – die offene Frage« (Nr. 33052)
»Freude an der Musik« (Nr. 33051)
»Erkenntnisse« (Nr. 33121)

Leonard Bernstein

Von der unendlichen Vielfalt der Musik

Neubearbeitung Dezember 1983

Wilhelm Goldmann Verlag

Musikverlag B. SCHOTT'S Söhne

NACHWEIS DER ABBILDUNGEN

Zu Seite 112: The Bettmann Archive.
Zu Seite 188: Partitur-Titelblatt: »Sinfonia eroica« von Ludwig van
Beethoven. Special Collections, Music Division, New York Public
Library.
Zu Seite 222: Partitur-Titelblatt: »Vierte Symphonie«, e-Moll von
Johannes Brahms. Lith. Anstalt v. C. G. Röder, Leipzig.

Die Schallplattenfirma CBS Frankfurt stellte uns freundlicherweise
die Diskographie zur Verfügung.

Made in Germany · 6. Auflage · 7/87
Genehmigte Taschenbuchausgabe
Die deutsche Originalausgabe ist im Rainer Wunderlich Verlag
Hermann Leins, Tübingen, erschienen
Copyright by Leonard Bernstein and the Leonard Bernstein Foundation
Titel der amerikanischen Originalausgabe:
»The Infinite Variety of Music«
erschienen 1967 bei Simon & Schuster, New York
Übertragen von Else Winter
Umschlaggestaltung: Atelier Adolf & Angelika Bachmann, München
Umschlagfoto: Art Reference, Landschak, Frankfurt/Main
Druck: Presse-Druck Augsburg
Lektorat: Gerda Weiss · Herstellung: Gisela Ernst/Voi
Verlagsnummer: 33008
ISBN 3-442-33008-4

FELICIA
in Liebe gewidmet

Dankbare Anerkennung spreche ich Henry Simon aus, der zum dritten Mal einem meiner Bücher Pate gestanden hat, und auch den Herren Gottlieb, Robert und Jack, die durch nichts anderes als durch den Eifer und die Sorgfalt, mit welchen sie diese vielumfassenden Seiten herausgegeben haben, miteinander in Beziehung stehen.

INHALT

EINLEITUNG

EIN PHANTASIE-GESPRÄCH

FÜNF FERNSEH-MANUSKRIPTE

BERICHT ÜBER EIN URLAUBSJAHR

VIER SYMPHONIE-ANALYSEN

EINE PLAUDEREI

ANHANG

IN DER MUSIK

GIBT ES NICHTS GRÖSSERES

ALS JENEN GENUSS

DER DOPPELMEISTERSCHAFT,

WENN DER MEISTER

DEN MEISTER AUSSPRICHT.

———

ROBERT SCHUMANN

EINLEITUNG

Ein offener Brief

LIEBER, GENEIGTER LESER! Jedermann sagt, daß wir uns in einem kritischen Stadium der Musikgeschichte befinden. Das gebe ich zu, aber ich gehe sogar noch weiter, ich behaupte, es ist ein erschreckendes Stadium. Der bekannte »Abgrund« zwischen dem Komponisten und dem Publikum ist nicht nur breiter denn je – er wurde zu einem Ozean. Und was noch schlimmer ist, der Ozean ist zugefroren, und es zeigen sich keine unmittelbaren Anzeichen, weder dafür, daß der Graben schmäler werde, noch daß das Eis auftaue.

Man stellte fest, daß die obenerwähnte Kluft zunächst als winziger Spalt erscheint in jenem Augenblick, in dem ein Komponist zum erstenmal die persönliche Botschaft überbringt, die er selbst eher unbewußt empfangen hat, als daß sie aus dem allgemeinen Unbewußtsein weltlich-geistlicher Gemeinschaft herkam. Das mag wohl so sein, und wenn es wahr ist, scheint unser Abgrund Jahrhunderte alt. Aber während aller früheren Perioden – selbst in den Jahren üppigster Romantik – bestand zwischen dem Komponisten und dem Publikum irgendeine Beziehung, eine symbiotische Wechselwirkung, die beide Teile befriedigte. Der Komponist war der Bearbeiter der musikalisch-dynamischen Kräfte, war verantwortlich für deren Wechsel und Wachstum und schuf den Geschmack des Publikums, dem er dann die geeignete Nahrung darreichte, während das Publikum – quid pro quo – den Komponisten verköstigte, indem es einfach Interesse zeigte. Jede neue Oper von Monteverdi, Rossini, Wagner oder Puccini bot zu ihrer Zeit unweigerlich Gelegenheit zu Neugierde, kritischer Betrachtung und Begeisterung. Dasselbe galt für eine neue Symphonie von Haydn oder Brahms, eine neue Sonate von Scarlatti oder Chopin.

Dies ist nicht mehr so und war es in unserem Jahrhundert nie mehr. Der Erste Weltkrieg schien einen Schlußpunkt gesetzt zu haben: Debussy, Mahler, Strauss und der frühe Strawinsky zogen offensichtlich die Endlinie. Es sind die letzten Namen der langen Ära, in der Komponist und Publikum voneinander abhängig waren. Von da an wurde es eine »Balgerei«: Komponist gegen Publikum. Fünfzig Jahre lang sind die Zuhörer in erster Linie an Musik der Vergangenheit interessiert gewesen; sogar jetzt noch holt man (holen Sie) erst Vivaldi, Bellini, Buxtehude und Ives nach. Die Kontroverse über Wagner wirft Wellen auf, als wäre er Stockhausen. Wir (Sie) entdecken immer noch Haydn-Symphonien und Händel-Opern. Und der durchschnittliche Konzertbesucher braucht immer noch sehr viel Konzentration, um die »Eroica« als vollständiges, in seiner Form einheitliches Erlebnis zu erfassen. Nicht zu reden von »Elektra«, »Pelleas« oder der Siebenten Symphonie von Mahler. Lieber Leser, seien Sie ehrlich und geben Sie es zu.

Doch dies bedeutet, daß das Publikum seit fünfzig Jahren keine einzige Premiere einer Symphonie oder Oper mit freudigem Vorgefühl erwartet hat. Sollte diese Feststellung Ihnen zu heftig erscheinen, dann schlagen Sie zurück. Erinnern Sie mich an glänzende Ausnahmen: »Porgy and Bess« (kann man »Show«-Melodien zu einer Oper verwenden?); Schostakowitschs »Siebente Symphonie«, die durch den Wettbewerb der Radiosender eine bis zur Hysterie gesteigerte Begeisterung hervorrief; »Aufstieg und Fall der Stadt Mahagonny« – ein örtlich begrenztes, sozusagen politisches Phänomen. Man könnte die Liste verlängern, aber alle diese Werke waren Ausnahmen, und sie verdankten ihren Erfolg hauptsächlich nichtmusikalischen Ursachen. Die schreckliche Tatsache bleibt bestehen, daß Komponist und Publikum ein Meer weit auseinanderliegen, und zwar seit einem halben Jahrhundert. Kennen Sie seit der Renaissance irgendeine fünfzig Jahre dauernde Periode, in der eine solche Situation herrschte? Ich nicht. Und wenn dies wahr ist, bedeutet es eine dramatische qualitative Veränderung in unserer Musikwelt; daß nämlich unser musikalisches Leben nicht auf den Kompositionen unserer Zeit beruht. Dies ist ein ausgesprochenes Phänomen unseres Jahrhunderts, wie es das vorher noch nie gegeben hat.

Man könnte ja diese drastische Veränderung mit Gleichmut betrachten, sich eine sozusagen wissenschaftliche Meinung über ihre Ursachen bilden und sogar eine objektive Theorie über den voraussichtlichen, zukünftigen Verlauf entwickeln, bestünde nicht die Tatsache, daß wir gleichzeitig einen so unglaublichen Aufschwung musikalischer Betriebsamkeit erleben. Es häufen sich Statistiken, die sagen, daß mehr Leute als je mehr Musik als je hören. Und das gleichzeitige Auftreten dieser beiden Phänomena – das ungeheure neue Interesse des Publikums an Musik und der völlige Mangel an Interesse für Neue Musik, der musikalische *bang* zusammen mit dem musikalischen *whimper* schaffen diesen furchterregenden Zustand.

Ich liebe die Musik fanatisch. Ich kann keinen Tag leben, ohne Musik zu hören, ohne zu spielen, mit Musik zu arbeiten, über sie nachzudenken. Und all dies ganz unabhängig von meinem Beruf als Musiker. Ich bin ein *Fan*, ein der musikalischen Öffentlichkeit verpflichtetes Mitglied. In dieser Rolle (die sich, wie ich annehme, von der Ihrigen nicht allzusehr unterscheidet, lieber Leser), in der Rolle des einfachen Musikliebhabers gestehe ich frei, wenn auch unglücklich, daß ich im Augenblick, da ich dieses niederschreibe – Gott verzeihe mir – weit mehr Vergnügen daran finde, die musikalischen Erlebnisse von »Simon & Garfunkel« oder des Gesangvereins, der »Along Comes Mary« singt, zu genießen als bei den meisten, heute von der ganzen Gesellschaft der Avantgarde-Komponisten geschriebenen Werken. Das wird vielleicht in einem Jahr oder sogar schon während diese Zeilen gedruckt werden, nicht mehr wahr sein; aber heute, am 21. Juni 1966, kann ich meine Gefühle nicht anders schildern. *Pop music* scheint das einzige Gebiet zu sein, auf dem unerschrockene Lebenskraft, Freude an der Eingebung und ein Strom frischer Luft zu spüren sind. Alles andere wirkt plötzlich altmodisch; elektronische, serielle, aleatorische Musik haben bereits einen verstaubten Geruch angenommen. Sogar Jazz scheint zu einem schmerzlichen Stillstand gekommen zu sein, und die tonale Musik liegt im Dornröschenschlaf.

Diese deprimierenden Betrachtungen sind kaum geeignet, meine nach musikalischen Freuden hungernden Leser zu veranlassen, sich in die Lektüre dieses Buches zu stürzen. Wenn ich mein Verleger wäre, würde ich diese Einleitung wegwerfen und sie durch ein kurzes, inspirierendes Wort ersetzen. Aber ich bin nicht der Verleger und kann nur hoffen, dieser werde verstehen, daß ich mit den hier ausgesprochenen Gedanken gerade jene Zustände zum Ausdruck bringe, gegen welche dieses Buch entstanden ist. Nein, ich will nicht auf die geschäftige, doch dürre musikalische Szenerie um mich her blicken und mich in einen Winterschlaf versenken, um zu warten, bis die Knospen sprießen. Ich will hier an meinem Platz stehen und die unendliche Vielfalt der Musik verkünden.

Und genau an dieser Stelle, lieber Leser, werden Sie mir brüsk Einhalt gebieten. »Wie können Sie behaupten«, werden Sie hoffentlich fragen, »es gäbe unendliche Vielfalt und daher unzählige Ausblicke auf Schönheit, die noch zu entdecken wäre, wenn die erwähnte Veränderung qualitativ ist? Wie bringen Sie den Abgrund mit der Hoffnung in Einklang?« Darauf habe ich zwei Antworten. Die erste ist einfach – umgekehrte Logik: wenn ich an das dauernde Bestehen des Abgrunds glaubte, könnte ich nicht an den Wert der musikalischen Verständigung, der Sprache unserer Seele, glauben; und dann wollte ich nicht länger in dieser Welt leben. Aber ich möchte weiterleben, und deshalb muß die musikalische Botschaft (Wärme, Verständnis, Offenbarung) gültig bleiben. Ich wollte, es gäbe ein besseres Wort für »Verständigung«; es ist die Zärtlichkeit, die wir empfinden und mit einem andern menschlichen Wesen teilen, wenn wir eine tief im Gefühlsmäßigen ruhende, unnennbare, unfaßbare Form oder Farbe erkennen. Das ist es wirklich, was ein Komponist mit seiner Musik aussagt. Ist es Ihnen nicht schon so ergangen? Haben Sie nicht schon denselben Ton, Einblick, Schock, die gleiche Angst und Erlösung miterlebt? Wenn Sie auf ein Musikstück reagieren können, dann lautet Ihre Antwort für den Komponisten einfach »ja«.

Meine zweite Antwort ist noch einfacher, wenn es auch vielleicht ein wenig mehr Zeit braucht, sie auszusprechen. Der Abgrund ist nur vorübergehend da; die Veränderung ist zwar qualitativ, doch nur ein Übergang. Das kritische Stadium, das wir durchmachen, mag es sich auch über eine ganze Ära ausdehnen, kann die Musik der Zukunft nicht bestimmen. Es ist eine Zeit des Wartens und des Fließens.

Da ich gesagt habe, ich glaube, die musikalische Krise sei vorübergehender Natur, muß ich nun auch erklären, wohin dieser Übergang führen könnte, und sagen, warum. Ich glaube, daß der Schlüssel in der Natur der Musik selbst liegt. Sie ist eine so bestimmte Kunst, so völlig anders als alle andern Künste, daß wir vorsichtig sein müssen und ihr nicht Werte und Kräfte zuschreiben dürfen, die sie nicht besitzt. So viele Menschen begehen den Fehler, sämtliche Künste als ein Ganzes zu nehmen und daraus Verallgemeinerungen abzuleiten. Was für andere Künste richtig ist, gilt nicht unbedingt für die Musik. Versuchen wir es zum Zweck der Auseinandersetzung mit einer Verallgemeinerung. Welcher Art ist diese Krise unserer Zeit in allen Künsten? Wir hören andauernd negative Ausdrücke im heutigen (amerikanischen) Sprachgebrauch: *anti-art, anti-play, anti-novel, anti-hero, non-picture, non-poem.* Wir hören, daß aus der Kunst wohl oder übel ein Kunst-Kommentar gemacht wurde; wir fürchten, daß das, was früher Inhalt war, von der Technik verschlungen wurde. All dies, so sagt man, sei ein bedauernswertes, armseliges Zeugnis, ein trauriger Zustand. Und doch, Sie sehen, wieviele Kunstwerke, die mit ähnlichen Ausdrücken erfaßt werden, eine große Gefolgschaft anziehen und sogar imstande sind, uns tief zu bewegen. Es muß doch etwas Gutes in all diesem Negativismus vorhanden sein.

Und das ist es auch. Denn was in diesen Werken geschieht, ist eine fortwährende Bewegung zu bedeutenderen poetischen Gefilden. Nehmen wir ganz bestimmte Werke: »Warten auf Godot« ist ein tiefbewegendes, leidenschaftliches *non-play;* Der Film »La Dolce Vita«, dessen inhaltloser Flitterglanz bekannt ist, wirkt merkwürdig belebend, ja sogar anregend. Nabokovs *non-novel* »Pale Fire« ist ein aufregendes Meisterwerk und Charles Kinbote, der Held darin, ein ausgesprochener *non-hero.* Balanchines am meisten abstrakte, esoterische Ballette sind seine besten, einschlagenden Erfolge. De Koonings Filme können wundervoll dekorativ, suggestiv, anregend und sehr teuer sein. Man könnte da wirklich eine lange Liste aufstellen; aber eines könnte sie nicht enthalten – ein Werk seriöser *anti-music.* Musik kann als *non-art* nicht gedeihen, denn sie ist von Grund auf und in ihren Wurzeln eine abstrakte Kunst, während andere Kunstarten sich als Grundlage mit realen Bildern, mit Worten, Formen, Erzählungen und mit dem menschlichen Körper befassen. Wenn ein großer Künstler ein reales Bild von einem andern realen Bild abstrahiert oder es einem andern realen, aber nicht dazugehörigen Bild hinzufügt, oder wenn er diese Bilder auf unlogische Weise zusammenstellt, dann ist er ein Poet. In diesem Sinne ist Joyce poetischer als Zola, Balanchine schöpferischer als Petipa, Nabokov ein größerer Dichter als Tolstoj, Fellini größer als Griffith. Aber John Cage ist nicht poetischer als Mahler und Boulez nicht poetischer als Debussy.

Warum muß man Musik von dieser sehr erfolgreichen Richtung der andern Künste ausschließen? Vor allem, weil die Musik abstrakt ist; sie wirkt direkt auf die Gefühle durch ein transparentes Medium von Tönen, welche mit keinen andern typischen Aspekten des Lebens verwandt sind. Das einzig Faßbare dieser Töne kann eine »Form« sein – das ist die genaue

Art und Weise, in der diese Töne miteinander verbunden sind. Mit »Form« meine ich genauso die Kunstform eines Motivs aus zwei Tönen wie auch eine längere Phrase oder den ganzen zweiten Akt aus Tristan. Musiktöne können nicht abstrahiert werden; im Gegenteil, man muß ihnen durch die Form Realität verleihen: hoch und tief, lang und kurz, laut und leise.

Damit kommt man zum unvermeidlichen Schluß: alle uns je bekannten Formen in der Musik – einfacher Gesang, Motette, Fuge oder Sonate – waren immer in Tonalität ausgedrückt worden, daß heißt im Sinne eines tonalen, magnetischen Mittelpunkts mit unterstützenden tonalen Verbindungen. Ich glaube, dieser Sinn ist im menschlichen Organismus eingebaut; wir können zwei einzelne Töne, sogar ohne jeglichen Text, nicht hören, ohne ihnen sofort eine tonale Bedeutung zu geben. Wir können in der tonalen Bedeutung, die wir ihnen zumessen, Unterschiede machen, aber auf jeden Fall geben wir ihnen diese Bedeutung. Wir sind darin festgefahren und werden es immer sein. Und im Augenblick, da ein Komponist versucht, Töne zu abstrahieren, weil er ihren tonalen Sinn verleugnet, hat er das Reich der Verständigung mit der Welt verlassen. Es ist in der Tat beinahe unmöglich (wenn sich auch die Komponisten, weiß der Himmel, seit fünfzig Jahren eifrigst bemühen) mitanzusehen, zu welchen verzweifelten Mitteln mehr und mehr Zuflucht genommen wird; Aleatorik, Elektronik, notenlose »Angaben«, Verwendung von Lärm und was nicht noch alles.

Gelegentlich kommt es mir in den Sinn, daß an irgendeinem fernen Tag Musik, die völlig von der Tonalität losgelöst ist, denkbar wäre. Ich kann in meinem Kopf solche Musik nicht hören, bin aber bereit zuzugestehen, daß sie möglich wäre. Nur könnte dieser ferne Tag erst nach einer grundlegenden Veränderung unserer physischen Gesetze erscheinen, möglicherweise dadurch, daß sich der Mensch von unserem Planeten loslöst. Vielleicht befindet sich der Mensch auf seiner Jagd nach dem Weltraum bereits am Anfang der langen Straße zu diesem Neuen Bewußtsein, zu diesem Omega-Punkt. Vielleicht sind wir eines Tages von der Tyrannei des Tempos und von der Diktatur der Obertonreihe befreit. Aber noch sind wir irdisch, erdgebunden und weit entfernt von einem Omega-Punkt; wir stecken noch immer in so altmodischen Dingen wie menschlichen Verbindungen, ideologischen, internationalen Konflikten und Rassenkämpfen. Wir sind auch mit der größten Vorstellkraft und ungeachtet der Wunschträume unserer Kosmologen noch nicht von unserem Planeten befreit. Wie können wir vom Erreichen des Omega-Punktes sprechen, solange wir immer noch solche Hinterhofspiele treiben wie Vietnam?

Nein, wir sind immer noch Kreaturen dieser Erde, wir brauchen noch menschliche Wärme und haben das Bedürfnis, uns untereinander zu verständigen. Dafür sei Gott gepriesen. Solange einer von uns noch versucht, den andern zu erreichen, solange wird es den heilenden Beistand tonaler Empfänglichkeit geben. Es kann nicht purer Zufall sein, daß nach einem halben Jahrhundert gründlichen Experimentierens die besten und beliebtesten Werke in atonaler oder serieller Ausdrucksweise oder in der Zwölftonmusik jene Werke sind, die sich entgegen aller Übermacht einen gewissen Hintergrund der Tonalität bewahrt zu haben scheinen, jene Werke, die am reichsten an tonalen Einflechtungen sind. Ich denke aus dem Stegreif an Schönbergs Drittes Quartett, an sein Violinkonzert, an seine beiden Kammer-Symphonien; ich denke an beinahe sämtliche Musik von Alban Berg und an »Agon« oder »Threni« von Strawinsky; sogar an die Symphonie von Webern oder an seine zweite Kantate – in allen diesen Werken trifft man fortwährend deutliche Gespenster von Tonalität, die einen beim Zuhören verfolgen. Je mehr man zuhört, desto mehr wird man verfolgt. In dieser Verfolgung spürt man die quälende Sehnsucht nach Tonalität, den heftigen Trennungsschmerz und das geheime Bedürfnis, sie wiederzuerlangen.

Wir werden sie wiedererlangen. Das ist der Sinn des Übergangs und unserer Krise. Aber wir werden in eine andere Beziehung zur Tonalität zurückkehren, wiederhergestellt und geläutert durch unseren Schmerz. Ich kann nicht umhin, zwischen dem häufig verkündeten Tod der Tonalität und dem gleichfalls ausposaunten Gottesuntergang eine Parallele zu ziehen. Ist es nicht merkwürdig, daß Nietzsche jene Botschaft gerade im Jahre 1883 verkündete, im selben Jahr, in dem Wagner starb, der, wie man annimmt, die Tonalität mit ins Grab nahm? Lieber Leser, ich möchte Ihnen schlicht vorschlagen, an keinen der beiden Tode zu glauben; tot sind allein unsere eigenen, abgenutzten Begriffe. Die Glaubenskrise, in der wir leben, ist der musikalischen Krise nicht unähnlich; wir werden, wenn wir Glück haben, aus den beiden Krisen mit neuen, freieren Ideen herauskommen, vielleicht mit persönlicheren – oder sogar weniger persönlichen – Vorstellungen, wer kann das sagen? Aber auf jeden Fall mit einer neuen Auffassung von Gott und einem neuen Begriff von Tonalität. Und die Musik wird überleben.   Aufrichtig *Ihr Leonard Bernstein*

EIN PHANTASIEGESPRÄCH

Die »Muzak«-Muse*

DIE SZENE SPIELT IN EINEM LUXURIÖSEN JET-FLUGZEUG – *bald wird es auch altmodisch sein –, während es der Sonne nach gegen Westen braust, als wollte es sie überholen und den Einbruch der Nacht verhindern. Der Platz neben mir ist leer, und wie ich es oft auf langen Reisen (schon seit meiner Kindheit) zu tun pflege, habe ich darauf in Gedanken die körperlos gewordene Gestalt George Washingtons als treuen Reisekameraden gesetzt; schon lange habe ich mir zur Gewohnheit gemacht, ihm die Wunder der Jets, der Automobile, des elektrischen Lichts, der Reklametafeln und Plakatwände, der »drive-ins« und alle die andern wunderbaren Neuheiten zu erklären, die in den hundertsechzig Jahren aufgetaucht sind, seit seine Augen zum letztenmal auf diesem Lande ruhten. Es ist ein interessantes Spiel, denn er ist immer so aufgeregt und aufmerksam bei jeder neuen Sensation. Mir dient er auch zu einem guten Zweck, nämlich als idealer Befrager, der mich zum Denken herausfordert. In dieser Eigenschaft benimmt er sich tadellos, denn er stellt immer die richtige Frage (als ob er genau wüßte, was ich gern sagen möchte) und selbst hält er nie längere Reden.*

G.W.: *reckt sich wohlig in dem Wunder des »Muzak«, der gedämpften »Background«-Musik, die das Flugzeug einer Gehirnwäsche unterzieht; ich gebe mir alle Mühe, davor in irgendeinen Lesestoff zu flüchten.*

G.W. *(verträumt)*: Mmm... Wunder über Wunder. Ein wahrhaft himmlisches Wunder, Sphärenmusik...

(Ich lese weiter. Er begreift. Dann versucht er es nochmals:)

---

* »Muzak« nennt man in Amerika ein mit aller Art Musik bespieltes Tonbandgerät, das man kaufen oder mieten kann und das als »Background-Musik« verwendet wird; zum Beispiel werden in amerikanischen Flugzeugen während des Flugs die Passagiere mit solchem »Muzak« berieselt.

G.W.: Was lesen Sie?

L.B.: Komisch, daß Sie mich das jetzt fragen. Hier auf Seite eins der *London Times, Literary Supplement,* steht etwas, das Sie faszinieren und mit Stolz erfüllen sollte:»In ihrem Dunkel und in ihrem Licht wurde die schöpferische Kraft Amerikas zum mächtigsten Strom westlichen Gedankenguts und westlicher Kultur. Sie wurde aus der europäischen Reformation heraus geboren und von Europa aufrechterhalten, bis sie sich zu unabhängigem Leben befreite. Wir im alten Europa sehen jetzt im neuen Europa eine ungeheure Lebenskraft.. « Macht Sie das nicht stolz? Hätten Sie im Jahr 1789 vorausgesagt, daß eine britische Zeitung eines Tages solche Dinge über die ehemaligen Britischen Kolonien schreiben würde?

G.W. *(befriedigt):* Ich habe immer gewußt, daß es so kommen würde. Natürlich mußten wir dahin gelangen. Führer westlicher Kultur. Jets. Muzak.

L.B.: Den Muzak können Sie weglassen. Aber wie gewöhnlich kam ich durch Sie schon auf den nächsten Gedanken. Fanatisch wie ich bin, übertrage ich alles, was ich lese und höre, auf die Musik, und als ich diesen auffallenden Absatz las, dachte ich: paßt dies auch in musikalischer Hinsicht auf uns? Sind wir in der westlich-musikalischen Kultur führend? Nein, General Washington, das sind wir nicht!

G.W.: Aber mein lieber junger Freund, Sie selbst haben mir auf unserer letzten gemeinsamen Reise von dem ungeheuren musikalischen Aufschwung in unserem Land erzählt. Ich glaube, Sie haben sogar Statistiken angeführt: über Konzerte, Sommerfestspiele, Millionen von Schallplattenaufnahmen – wahrhaftig, ganz Amerika scheint musiknärrisch zu sein.

L.B.: Zum Teufel mit den Statistiken. Alle die musikverrückten Amerikaner, alle ihre Orchester, Hifis und Stereos, Festspiele und alles zusammen machen nicht einmal ein Rinnsal in dem mächtigen Strom, von dem die »Times« spricht. Was soll überhaupt bedeuten: »ein mächtiger Strom westlichen Gedankenguts und westlicher Kultur«? Das Ergebnis von schöpferischer Kraft, der Erfolg unserer Faulkners, Hemingways, De Koonings, Pollocks, Hellmans und Frosts. Und was finden wir auf musikalischem Gebiet? Unsere Konzertliteratur ist immer noch größtenteils europäisch. (Ebenso unsere Solisten, Dirigenten und Sänger.) Alle die neuen Versuche scheinen aus Frankreich und Deutschland zu kommen, genau wie es immer war – auch vor Stockhausen, Webern und Boulez.

Unsere Coplands, Schumans, Carters oder Sessions haben drüben nicht im entferntesten soviel Einfluß wie die Schönbergs und Stockhausens auf uns hatten. Gewiß, der Jazz hatte großen Einfluß, aber auf welchen Platz stellt er uns als Führer westlicher musikalischer Kultur?

G.W. *(getroffen in seinem Patriotismus):* »Nun, wir werden es schon schaffen«, pflegten wir in *Valley Forge* zu sagen. Es wäre nur gerecht, wenn wir in der Musik ebenso führend würden wie in allen andern Dingen. *(Lebhaft)* Also, was können wir dazu tun?

L.B.: Ich weiß es nicht, ich weiß es nicht.

G.W.: Also los, forschen wir ein wenig nach. Vielleicht, wenn wir draufkommen, was uns aufhält oder was uns im Weg steht, können wir es in Ordnung bringen und zum Aufbau schreiten.

L.B.: Das ist eine logische Überlegung – wie damals in *Valley Forge.*
O.K. Zunächst hören wir zuviel Musik.

G.W.: Das kann nicht Ihr Ernst sein! Sie als Musiker, als Verbreiter des Evangeliums.

L.B.: Ich habe nicht gesagt, daß wir zuviel Musik *anhören;* ich sagte, wir hören zuviel davon. Das ist ein großer Unterschied. An- oder zuhören ist ein aktives Erlebnis, ein Teilhaben an der Musik, ein Mitgehen mit ihr; es bedeutet, daß man sich in die schwierigen Aufgaben und deren Lösung hineinziehen läßt – während das Hören allein völlig passiv ist. Davon bekommen wir zuviel – das ewige Radio, Fernsehen und der verfluchte »Muzak«, der uns überall belästigt: von Küste zu Küste, in den Jets, den Zügen, auf den Bahnhöfen, in Restaurants, Lifts und beim Friseur. Wir bekommen Musik von allen Seiten, Musik, der wir nicht lauschen können, sondern die wir bloß hören. Sie wird zu einer nationalen Seuche, und deshalb wird sie so uninteressant. Wir gelangen zu einer Übersättigung, unsere Konzentrationsfähigkeit wird vermindert, unsere Ohren sind zu müde, um wirklich zuzuhören. Das ist der eine Mißstand.

G.W.: Ja, aber sogar wenn das wahr ist, dieser Mißstand klärt bestimmt nicht die Ursache auf, daß Roger Sessions in der Alten Welt keinen Einfluß hat. Ich sehe da keinen Zusammenhang.

L.B.: Der Zusammenhang ist folgender: Musik ist schwierig. Es ist nicht leicht, einem Stück zuzuhören und wirklich immer zu erkennen und zu fühlen, was darin geschieht. Für viele Menschen mag das Werk leicht und angenehm zu hören sein; es kann phantasievolle Bilder hervorrufen oder die Menschen in sinnenfreudiges Behagen versetzen, sie anregen, beruhigen oder was auch immer. Aber nichts davon heißt »zuhören«. Und solange wir nicht ein großes »zuhörendes« Publikum haben, sondern nur ein passiv »hörendes«, solange werden wir nie eine musikalisch kultivierte Nation sein.

G.W.: Sie sind also der Meinung, wir seien gar keine musikalisch kultivierte Nation? Aber ich dachte –

L.B.: Nein, das sind wir nicht. Wirklich nicht. Jedenfalls noch nicht, wenn wir auch auf gutem Weg sein mögen. Aber schon recht, regen Sie sich nicht auf. Wir werden dazu gelangen. Es braucht Arbeit. Wissen Sie denn, wie schwierig es sogar für einen Berufsmusiker ist, ein modernes Zwölftonwerk bei einmaligem Zuhören in sich aufzunehmen? Ich weiß, es gibt genug Musiker, die behaupten, es zu können, aber die machen sich selbst etwas vor. Ohne Zuhilfenahme der geschriebenen Noten geraten sie bei der ganzen seriellen Technik mit ihren Krebs-Kanons und krebsgängigen Umkehrungen in Schwierigkeiten. Bestimmt, neulich spielte ich einem echten Avantgarde-Komponisten »Happy Birthday« von rückwärts nach vorn vor, und er hat es gar nicht erkannt. Wie könnte er dann eine umgekehrte Zwölftonreihe erkennen? Ich sprach ihn dann mit seinem verkehrt buchstabierten Namen an, und er schaute nur dumm drein. Stellen Sie sich das vor.

G.W.: Ich verstehe immer noch nicht –

L.B.: Nun, wenn es schon für einen ausgebildeten Musiker schwierig ist, bedenken Sie, wie schwer es einem einfachen Bürger (sogar einem, der Musik sehr liebt) fallen muß, zum Beispiel der Ersten Symphonie von Brahms zuzuhören und allen komponierten Verzweigungen, kontrapunktischen Schönheiten und Feinheiten vom Anfang bis zum Ende zu folgen. Ich bilde mir nicht ein, daß es in ganz Amerika mehr als nur eine sehr kleine Anzahl Nichtmusiker gibt, die das können. Verstehen Sie jetzt, worauf ich hinaus will?

G.W.: Ja, ich verstehe Sie, aber ich glaube Ihnen nicht. In diesem großen Land mit den vielen Universitäten und kulturellen Einrichtungen, nur eine kleine Anzahl...

L.B.: Bloß eine Handvoll. Wer ist imstande, wirklich allem zu folgen? Die Leute wissen gar nicht, was sie versäumen. Es gäbe so viel mehr Freude, Erhebung und geistige Nahrung aus dieser Ersten Brahms-Symphonie zu holen, als wenn man sich nur über die schönen Melodien, den weichen Klang der Streicher, die lyrischen Improvisationen der Holzbläser oder die majestätischen Klänge der Blechbläser freut. Da ist der Aufbau, Herr General, die Struktur. Der harmonische Fluß, der architektonische Plan...

G.W.: Gut,mein Lieber, ich war selbst nie ein besonderer Musikliebhaber, aber eine schöne Melodie hatte ich immer gern. Doch ich verstehe jetzt, was Sie meinen. Das heißt, wenn wir einmal der mächtigste Strom und all das sein werden. Lassen Sie mich nachdenken. Vielleicht kommt es daher, daß unser Gesichtssinn viel schärfer ausgeprägt ist als unser Gehörsinn. Ah, ich glaube, ich hab's! Schauen Sie: unsere Augen sind bestimmt unser wichtigstes Sinnesorgan; durch sie kennen wir die Welt, unsere Lieben, die Natur. Mit den Augen lesen wir, lernen wir, verständigen wir uns. Deshalb pflegen wir sie auch; wir entwickeln den Gesichtssinn weit besser als unsere anderen vier Sinne. Schließlich sind unsere Ohren nicht halb so wichtig, wenn wir mit ihnen auch einander reden hören. Aber man kann in dieser Welt leichter mit schlechtem Gehör als mit schlechten Augen leben. Und kommen wir zur Kunst, dann gilt das gleiche, nicht wahr? Die Leute wissen alle mehr über Malerei, Literatur, Architektur als über Musik. Der Grund dafür ist klar. Sehen ist leichter als hören, es ist direkter und eindrucksvoller.

L.B.: Das ist die längste Rede, die Sie je gehalten haben. Doch es ist höchst interessant; gerade las ich in derselben »Times« über den gestrigen Verkauf eines Cézanne in London um eine halbe Million Dollars. Glauben Sie, daß es irgend jemandem, der recht bei Verstand ist, einfiele, für das Original einer Debussy-Partitur ebensoviel zu bezahlen? Niemals. Und zwar nicht deshalb, weil Debussy weniger berühmt oder weniger bedeutend wäre als Cézanne; der Grund liegt nur darin, daß Cézanne für das Auge bestimmt ist und daher leicht und sofort wahrnehmbar, während das Debussy-Manuskript, für das Ohr bestimmt, schwierig und der direkten Wahrnehmung entrückt ist, denn das Werk lebt ja gar nicht, bevor es nicht aufgeführt wird. Worin besteht also der Reiz, Debussys Manuskript zu besitzen? Es ist ja für die meisten ein Geheimnis, etwas, das nur für Eingeweihte bestimmt ist. Und doch, die echte Freude, die Musik bereitet, ist vielleicht unendlich viel größer als die Freude an einem Bild. Sie ist physischer, ein zeitliches Erlebnis, das vom Komponisten für den Zuhörer organisiert wird. Das ist ein Gemälde nicht; der Beschauer muß sein Erlebnis selbst organisieren, indem er seine Wahrnehmungen auf einen Baum unten rechts oder auf einen Sonnenaufgang oben links konzentriert. Darum behaupte ich, daß die Menschen so viel versäumen, wenn sie ein musikalisches Erlebnis nicht in seiner Gesamtheit, die offen vor ihnen ausgebreitet liegt, genießen können.

G.W.: Aber wie kann man erwarten, daß die Leute eine Partitur so klar und genau verstehen wie ein Bild? Schließlich kann fast niemand Noten lesen.

L.B.: Ich danke Ihnen. Wie immer reichen Sie mir das Thema für meinen nächsten Vortrag auf einem silbernen Tablett. Fast niemand kann Noten lesen. Und wenn es jemand kann, quält er sich mühsam damit ab, Notenlinien und Zwischenräume zu zählen und dabei zu murmeln: »*All Cows Eat Grass*« *(a c e g)* oder »*Every Good Boy Deserves Fun*« *(e g b/h d f)* wie ein richtiger Idiot. Doch damit sind wir endlich »einen nützlichen Schritt vorwärts gestolpert«, wie Sie in Valley Forge gesagt hätten: Man lehre die Menschen Noten lesen. Es ist nicht so schwer, und es wäre ohne weiteres möglich, das Notenlesen in den Grundlehrplan der allgemeinen Bildung aufzunehmen, ebenso wie man lernt, Französisch zu lesen. Warum nicht? Entweder wollen wir kultiviert werden oder nicht.

G.W. *(schläfrig):* Aber ich verstehe nicht, wieso das Notenlesen einen solchen Unterschied machen würde. Es gab doch in der Geschichte nie in irgendeinem Land eine Zeit, zu der die Menschen im allgemeinen Noten lesen konnten. Vielleicht die Griechen. Oder – ich glaube, der junge Tom Jefferson fällt mir da ein –

L.B.: Möglich. Doch es gab gewisse Gesellschaftsklassen, die dem näherkamen. Jeder sogenannte »Herr«, würdig dieses Namens, in der italienischen oder englischen Renaissance konnte (wie man annimmt) Noten lesen. Doch ein wie großer Prozentsatz der Bevölkerung konnte das gewesen sein? Oder denken Sie an die »vollendete junge Dame« aus den Tagen Jane Austens (das war allerdings nach Ihrer Zeit), bei der zur »Vollendung« ihrer Bildung Musikkenntnisse gehörten. Aber weil es sich so ausgesprochen um »Damen-Erziehung« handelte, hatte sie keinen wirklichen Wert. So haben Sie im großen und ganzen recht: das Notenlesen gehörte nie zur Allgemeinbildung irgendeiner beliebigen Gesellschaft. Aber dann wieder hat es noch nie eine Gesellschaft gegeben wie die unsere, die so demokratisch, so universell gebildet und für das Wissen so aufgeschlossen war. Jetzt ist genau der richtige Moment zu beginnen.

G.W.: Das gebe ich alles zu, aber ich sehe immer noch nicht ein, wieso die einfache Fähigkeit, Noten zu lesen, die Gewohnheiten der Zuhörer derart verändern oder sie befähigen sollte, einer Brahms-Symphonie mit größerem Verständnis zu folgen. Warum ist das Notenlesen denn so wichtig?

L. B.: Es ist außerordentlich wichtig; erstens weil es der Schlüssel zum persönlichen Erlebnis ist, zum unmittelbaren, aktiven musikalischen Erlebnis. Nichts kann zum Verständnis von Musik mehr beitragen, als sich hinzusetzen und selbst Musik zu machen. Ich könnte mich in tausend Fernsehsendungen über Mozart heiser reden und den Menschen nie auch nur den Bruchteil des Verständnisses und Wissens vermitteln, das sie gewinnen können, wenn sie eine Stunde lang ganz für sich allein Mozart-Sonaten spielen. Und kein Buch über Beethoven-Symphonien kann Ihnen soviel beibringen, wie Sie erfassen können, wenn Sie mit Ihrem Lieblingspartner diese Symphonien aus einer Vierhändig-Ausgabe zusammen spielen. Einmal muß ich Ihnen über John Dewey erzählen, der die Theorie verfocht, man solle etwas lernen, indem man es tue. Das ist ein vortrefflicher Gedanke, besonders was Musik angeht; denn wenn wir immer wieder und wieder selbst musizieren, nehmen wir alle die verstaubten Regeln von Form, harmonischem Aufbau und alles übrige beinahe wie durch Osmose in uns auf und spüren und erfassen die Richtigkeit dieser Regeln. Man lernt so ohne Plage; die Gegebenheiten der Musik sind nicht mehr trockene Tatsachen, sondern lebendige Wahrheiten. Wenn diese Wahrheiten dem großen Publikum einmal eingeflößt sein werden, dann ist es automatisch gerüstet, aktiv zuzuhören und an jedem Musikwerk, das ihm geboten wird, teilzunehmen. Verstehen Sie das?

(Pause. G.W. überlegt hin und her.)

L. B. *(benützt die Gelegenheit weiterzureden):* Noch wertvoller wäre dann, daß sich ein Bestand von Terminologie bilden würde, der allen geläufig ist; das könnte wirkliche Diskussion über Musik ermöglichen, nicht bloß Geschnatter über den Dirigenten, der den zweiten Satz zu rasch genommen hat, oder über rivalisierende Primadonnen.

(Pause.)

L. B. *(in Stimmung):* Aber da zeigt sich sogar ein noch brauchbareres Ergebnis in der Ferne – Hausmusik. Bedenken Sie doch, wie wichtig das ist – daß man nicht bloß Schallplatten anhört, sondern mit der Familie selbst musiziert! Das ist vielleicht für eine »kultivierte« musikalische Gemeinschaft am wesentlichsten. Stellen Sie sich diese neue Zeit für Kammermusik oder Kammerchor vor. Denken Sie daran, welche Lebenskraft die Musik erhielte durch die größere Nachfrage nach Sonaten, Duetten, Trios, Quartetten, Madrigalen, »Glees« und Motetten! Dann hätten wir in der Tat ein fest begründetes, persönlich bestimmtes musikalisches Leben; und daraus entstünde ziemlich sicher eine ausgedehnte neue amerikanische Musikliteratur. Werke, die gespielt, bekannt, verstanden und beliebt würden. Damit könnte der Komponist zu einem lebendigen Teil des Musikschaffens werden. Er ist doch die Hauptsache, nicht wahr? Der Komponist würde der Urquell von allem – was er ja sein sollte – und wäre nicht mehr ein ferner, erbitterter Erzengel. Dann hätten wir unsere musikalischen Faulkners und Frosts; dann könnten wir unseren Einfluß über das Meer senden; dann würden wir wirklich zum »mächtigen Strom« werden, von dem die *London Times* spricht.

(Eine lange Pause. Plötzlich stellt sich heraus, daß G.W. eingeschlafen ist, ein glückliches Lächeln auf dem Gesicht. Der himmlische »Muzak« säuselt weiter über und um seine entzückten Ohren.)

FÜNF FERNSEHMANUSKRIPTE

Die unendliche Vielfalt der Musik

DAS PROGRAMM beginnt mit den ersten neunzehn Takten aus der Suite Nr. 2, »Daphnis et Chloé« von Ravel.

. . . es folgen noch weitere siebzehn Takte.

LEONARD BERNSTEIN:

Da haben wir eine Menge Noten – 16 206 sind es in bloß 75 Sekunden Musik. Und doch, unter allen diesen Noten gibt es nur 12 verschiedene. Stellen Sie sich das vor: 12 kleine Noten, aus denen die Komponisten seit vielen hundert Jahren Tausende verschiedene Stücke gemacht haben! Aber es gibt keine zwei Stücke, die einander genau gleichen; das war auch nicht der Fall, als die Werke der verschiedenen Komponisten große Ähnlichkeit hatten, wie zur Zeit Palestrinas oder in der Periode zwischen Bach und Mozart; ja nicht einmal heute ist es so, da es sogar den Komputern möglich ist, einander nicht zu kopieren. Jedes Stück, sei es noch so unoriginell oder unbedeutend, kann sich von jedem andern absolut unterscheiden.

Nun überlegen Sie einmal, in was für eine Lage ein Romancier geriete, wenn ihm nur 12 Worte seiner Sprache zur Verfügung stünden: »wenn, und, aber, Brot, Zirkus, Steuern, Liebe, Haß, verzeihen, hüpfen, springen und Zahnbürste«. Versuchen Sie nur, daraus Romane wie »Krieg und Frieden« oder »Moby Dick« zu machen. Versuchen Sie überhaupt eine vernünftige Behauptung damit aufzustellen. Aber siehe da, der arme Komponist hat nicht mehr als 12 Noten, mit denen er arbeiten kann. Wir sprechen natürlich ausdrücklich von westlicher Musik und nicht zum Beispiel von Hindu-Musik, in der Skalen benutzt werden, die etwa 22 ver-

schiedene Noten enthalten. Aber dennoch scheint es wie ein Wunder. Wie ist es möglich, daß bloß aus einem Dutzend Noten solche Fluten von abendländischen Musikwerken entstanden sind? Wir wollen jetzt versuchen, diese Frage zu beantworten, und sehen, ob wir wenigstens eine schwache Ahnung von dem schöpferischen Prozeß bekommen können, der das Wunder bewirkt.

(L. B. geht ans Klavier)

Beginnen wir mit einigen Tatsachen und Zahlen. Wir wissen bereits, daß wir 12 Noten zur Verfügung haben, die sogenannte chromatische Skala. Fangen wir zum Beispiel mit *A* an:

KLAVIER:

A   ais   h   c   cis   d   dis   e   f   fis   g   gis   A

– wir sind wieder bei *A* angelangt, und hier beginnt die Notenskala von neuem. Wir haben 88 Tasten auf dem Klavier, ausgehend von:

bis

– alles das ist jenes gleiche Dutzend Noten, das sich wieder und wieder in verschiedenen Registern wiederholt. In der Orchestersprache nennt man sie: »Tiefes Baßregister«.

KONTRAFAGOTT:

26

Baßregister

Posaune :

loco

Tenorregister

Bassklarinette:

Mezzosopranregister

Bratsche:

Sopranregister

Oboe:

und zum Schluß noch zwei Oktaven Sopra-Sopranregister:

Flöte und dann Piccolo:

27

Dann folgen bekanntlich noch jene ganz hohen Töne, die nur die Hunde hören können.

Wenn wir zum Klavier zurückkehren, haben wir nun alles in allem mehr, als womit wir gerechnet hatten: wir haben sieben und ein Drittel mal die Zwölf-Noten-Skala, das heißt die gleiche Skala über sieben verschiedene Register. Das ist ein bereits stark vergrößerter Spielraum, allerdings auf der primitivsten Stufe – einfach dadurch, daß die Skalen höher oder tiefer wiederholt werden. Es kommt jedoch bei einer musikalischen Schöpfung nicht nur darauf an, skalenweise geordnete Noten aufzuschreiben, sondern die Notenreihe so anzuordnen, daß sie einen melodischen Sinn ergibt.

Nehmen wir diese zwölf Töne in einem der genannten Register und sehen wir zu, was wir für Möglichkeiten von melodischen Kombinationen erhalten. Durch eine verblüffende mathematische Formel* stellt sich her-

* Ich danke Herrn Stefan Mengelberg dafür, daß er mir die folgenden mathematischen Angaben verschafft hat:
Die Zahl der melodischen Fragmente von einer Note bis zu zwölf Noten, ohne daß eine einzige Note in einem Fragment wiederholt würde und ohne Berücksichtigung von Oktavelagen, rhythmischen Variationen, Timbre usw. ergibt sich durch:

$$\sum_{i\,=\,1}^{12} \frac{12!}{(12-i)!} = 1\,302\,061\,344$$

Von dieser Zahl sind 479,000,600 vollständige Zwölftonreihen, in denen jede chromatische Note einmal vorkommt. Stellen wir diese Tonfolgen übereinander, dann erhalten wir dieselbe Anzahl von Akkorden von einem bis zu zwölf Tönen, ohne zu verdoppeln. Die Anordnung der Töne vom Grundbaß aufwärts ist eingerechnet, aber nicht die Zwischenräume.

Um die melodischen und harmonischen Kombinationen herauszubekommen, berechnen wir die Zahl der Anordnungen bis zu zwölf Melodienoten im Ganzen, keine davon wiederholt, und die Harmonie nicht öfter wechselnd als die Melodienote. Die Harmonisierungen können bis zu zwölf Noten »dick« werden, vorbehaltlich der obenerwähnten Einschränkungen. Wir haben:

$$\sum_{n\,=\,1}^{12} \frac{Kn \cdot 12!}{12n \cdot (12-n)!} \quad \text{wo } K = 1\,302\,061\,344$$

Um die möglichen Register zu finden, nehmen wir anstatt der zwölf chromatischen Noten die 88 Tonhöhen der Klaviatur als Grundmaterial. Dann haben wir die vollständige Zahl der melodischen Fragmente bis zu 88 Noten im Ganzen (keine Note in der eigenen Oktave wiederholt und die übrigen Einschränkungen wie oben):

aus, daß die maximale Anzahl melodischer Kombinationen aus diesen zwölf Tönen folgende astronomische Ziffer ergibt: eine Billion, dreihundertzwei Millionen, einundsechzigtausend – dreihundertvierundvierzig, ohne daß je eine Note in irgendeinem Motiv wiederholt wird. Unglaublich! Aber so ungeheuerlich diese Zahl scheint, sie ist noch immer eine endliche Zahl, und es wäre denkbar, daß sich auch diese Anzahl von Kombinationen erschöpfen könnte. Die Musikwissenschaft liefert aber doch noch weitere Möglichkeiten, also ist nicht alles verloren. Bedenken Sie nur, daß unsere Zahl sich bisher auf solche Musik beschränkte, die als Melodie daraus bestand, daß sich nur eine Note zeitweise horizontal bewegte. Aber jetzt stellen Sie sich vor, wie ungeheuer ausdehnbar alles wird, sobald die Idee der Vertikalen in der Harmonie oder in den Akkorden hinzukommt. Es ist klar, daß die Anzahl der Kombinationsmöglichkeiten der zwölf Töne als Akkorde ebenfalls eine Billion dreihundertzwei Millionen... und so weiter beträgt. Wir haben nun die Zahl der möglichen melodischen Kombinationen plus die gleiche Anzahl von Akkorden, die sich miteinander verbinden können; und jeder einzelne Akkord ist mit jeder einzelnen melodischen Kombination verbunden denkbar! Wir beginnen die Unendlichkeit zu spüren.

Meine mathematischen Freunde sagen mir, daß die größtmögliche Zahl vertikaler und horizontaler Kombinationen von zwölf oder weniger Noten zu einer Zahl gelangt, die in 106 Ziffern ausgedrückt wird. Die tatsächliche runde Zahl ist – für diejenigen, die sich dafür interessieren – 127 gefolgt von 103 Nullen. Vielleicht haben Sie von dem Wort »GOOGOL« gehört, das sowohl zur Bequemlichkeit als auch aus Spaß erfunden wurde und das in kurzem jede Zahl, die aus einer Ziffer gefolgt von 100 Nullen besteht, ausdrücken soll; ähnlich wie die Astronomen das Wort

$$\sum_{i=1}^{88} \frac{88!}{(88-i)!} \simeq 50\,419 \text{ gefolgt von } 130 \text{ Nullen.}$$

Die Anzahl der möglichen Akkordkombinationen ist mit $2^{88} - 1 \simeq 309\frac{1}{2}$ Septillionen gegeben. Sequenzen von n solcher Akkorde können in $(2^{88} - 1)^n$ verschiedenen Arten konstruiert werden. Da n = 12, ergibt dies ein ungefähres Resultat von 77 214 gefolgt von 313 Nullen. (Hier ist die Wiederholung der Akkorde erlaubt.)

Sobald die Notenwiederholung bei den Melodien erlaubt ist, wird die Zahl der Möglichkeiten unendlich, $\aleph$ (Aleph-Null), und wenn die rhythmischen Variationen dazukommen, wird die Zahl der Möglichkeiten sogar in einer noch höheren Größenanordnung unendlich.

S. M.

29

»Lichtjahr« gebrauchen, um die Zeit zu sparen, endlose numerische Ausdrücke zu murmeln. Also melodisch und harmonisch gesprochen, haben wir bereits 127 »Googols« von möglichen Kombinationen zur Verfügung. Darüber hinaus gehen – das Element des Kontrapunkts einbezogen – gleichzeitig verschiedene Melodie-Linien mit, und das bedeutet, daß sich alle die Billionen der einzelnen melodischen Kombinationen untereinander verbinden lassen! Hier fängt es an, mir zu schwindeln. Es ist, als wollten wir die Sterne der Milchstraße zählen. Wir haben aber noch nicht das sehr wesentliche Element der rhythmischen Vielfalt in Betracht gezogen, was uns eine ganz neue »Milchstraße« von Möglichkeiten eröffnet, und gar nicht zu reden von der ganzen Reihe der Tempi oder Geschwindigkeiten; und wenn wir noch die unzähligen instrumentalen und vokalen Färbungen und Ähnliches in Betracht ziehen, fügt sich dem musikalischen Weltall Galaxis über Galaxis hinzu, wodurch seine Grenzen über jede Berechnung hinauswachsen.

Nach alledem zeigt sich, daß das Königreich der Musik eine Unendlichkeit ist, in welcher des Komponisten Geist umherwandelt, sein eigenes Material suchend und seinen eigenen Weg, dieses zu formen. Das ist die wichtigste Komponente des Musikschaffens – die Persönlichkeit des Komponisten, der mit Kopf und Herz »etwas zu sagen« hat, etwas das er durch die Weite dieser mathematischen Sprache hindurch mitteilen will. Ich möchte gern versuchen, Ihnen zu zeigen, wie sich manche Komponisten dieser unendlichen musikalischen Vielfalt bedient haben, denn ich glaube, wir können durch solche Erforschung auch eine Ahnung von der unendlichen Vielfalt des schöpferischen menschlichen Geistes erhalten.

Wir wollen uns, um das Spiel ein wenig leichter zu machen, auf ein melodisches Motiv aus vier Noten beschränken – anstelle von allen zwölf –, nur vier einfache, sehr bekannte Noten wie diese:

KLAVIER:

die wir alle kennen und lieben als:

»How dry I am
How dry I'll be
If I don't get
My P.O.G.« = *irgendeine Getränkemarke)*

Sehen wir nach, was für erstaunlich verschiedene musikalische Formen diese Noten annehmen können und welche Fülle musikalischer Bedeutung in ihnen liegen kann. Wir wollen uns dabei auf Musikstücke beschränken, in welchen diese vier Noten die ersten vier Noten der Hauptmelodie sind.

Sie kennen vielleicht das kleine französische Volkslied »Il était une Bergère«:

Diese reizende Melodie ist durch ihre Leichtigkeit und Fröhlichkeit, ihren hüpfenden Charakter und durch die Tatsache gekennzeichnet, daß sie im Sechsachteltakt steht, daß sie ein bestimmtes Tempo hat *und* daß die vier Noten, die uns interessieren, so angeordnet sind, daß die erste Note:

ein Auftakt oder schwacher (unbetonter) Taktteil ist; daß die zweite Note:

ein Abtakt oder starker (betonter) Taktteil ist, und so fort.

Aber hier ist noch eine Melodie, die auch mit »How dry I am« beginnt, nämlich das Thema aus der Symphonischen Dichtung »Die Moldau« von Smetana. Sie steht ebenfalls im Sechsachteltakt, hat ungefähr das gleiche

31

Tempo, und die vier Noten sind genau gleich angeordnet wie in dem französischen Lied, aber hören Sie den Unterschied:*

Sie sehen, es klingt nicht mehr leicht und fröhlich, sondern majestätisch und schwungvoll. Woher kommt das? Nur weil die Melodie lauter und voller ist? Nein, sondern wegen der Form dieser Melodie und wegen der Fortsetzung, die den ersten vier Noten folgt. Im kleinen französischen Lied geht die Melodie mit den ersten vier Noten hinauf und dann bescheiden wieder hinunter:

aber das Moldau-Thema setzt das Hinaufgehen fort:

Das Thema hat eine breitere Linie und macht einen größeren Bogen. Das ist der wahre Unterschied. Die Melodie von Smetana trägt eben eine andere ästhetische Botschaft als das kleine französische Lied. Aber denken Sie daran, die Abwechslungsmöglichkeiten sind unendlich.

Wir müssen, zum Beispiel, nichts anderes tun als dieselben vier Noten nehmen und aus der ersten Note anstelle eines schwachen einen starken Taktteil machen, dann das Ganze in Dreivierteltakt setzen, und wir haben eine ganz neue Melodie:

* Zur Erleichterung des Lesers sind alle Notenbeispiele dieses Manuskripts in C-Dur geschrieben.

Ich bin sicher, Sie kennen diesen berühmten Walzer aus der »Lustigen Witwe« von Lehar.

Jetzt aber brauchen wir nur die erste Note als starken Taktteil zu behalten, alle Noten gleichwertig zu machen, ein wenig zu verlangsamen und – hokuspokus – da haben wir die »Wassermusik« von Händel:

ORCHESTER:

Da ist nichts dabei. Ja, aber es ist sehr viel dabei. Denken Sie daran, daß es nicht bloße Melodien sind; sie haben ihre eigenen Harmonien, ihre eigene Orchestrierung und – was besonders wichtig ist – ihre eigene Form. Das was *nach* den ersten vier Noten kommt, ist entscheidend für die Form der Melodie, wie sie sich bewegt und atmet, ob sie eine lange Linie annimmt oder in kurze Strecken geteilt ist. Hier haben wir jetzt zum Beispiel zwei Melodien, ausgehend vom gleichen Sprungbrett der vier Noten und gleich betont wie in der Händel-Melodie. Die eine ist von Schubert und die andere von Beethoven. Beide beginnen genau mit unserer unverfälschten Formel. Aber die Schubert-Melodie, die aus der schönen Cello-Sonate, genannt »Arpeggione«, stammt, teilt sich in der Mitte durch die Wiederholung des Vier-Noten-Motivs in 2 Hälften:

CELLO UND KLAVIER:

Andererseits wiederholt die Beethoven-Melodie – stammend aus der Zweiten Symphonie – die Anfangsphrase überhaupt nicht, sondern erfindet ganz neue acht Takte weiter. Man erhält so die Wirkung einer längeren Linie, einer einzigen ununterbrochenen Linie wie dieser:

Sehen Sie den Unterschied? Die beiden Melodien beginnen beinahe genau gleich, setzen sich aber völlig verschieden fort.

Hier ist ein Beispiel einer sogar noch längeren Linie und eines größeren Bogens, die von denselben vier Anfangsnoten abgeleitet sind. Hören Sie dieses Thema aus dem Ersten Klavierkonzert von Brahms und beachten Sie, wie sich diese Noten jetzt zu einer volleren, romantischeren Melodie entwickeln:

KLAVIER:

Aber das größte »How Dry I Am«-Fest findet am Schluß der berühmten Tondichtung »Tod und Verklärung« von Richard Strauß statt. Er baut seine ganze Schlußapotheose auf ein Thema auf, das genau mit diesen vier Noten, dem ersten als schwachem Taktteil, beginnt:

Aber dann folgt ein Oktave-Sprung:

der eine weitgespannte, mächtige, verklärte Melodie hervorbringt:

ORCHESTER:

Wenn wir es für Sie spielen, werden Sie das Motiv in den Streichern, der Harfe und in den Holz- und Blechbläsern hören – jedesmal mit einem neugefärbten Ausdruck. Vielleicht entdecken Sie es auch gegen Schluß zweimal so langsam von den Hörnern gespielt:

und dann wieder doppelt so langsam von den Posaunen:

All dies sind Einfälle, die neue Abwechslung bringen. Das Ganze endet in einer strahlenden, mystischen Verzückung von »How Dry I Am«, die vom tiefsten Register zu himmlischer Höhe emporsteigt.

(Hier spielt das Orchester die letzten sechs Minuten aus »Tod und Verklärung«.)

Jetzt glauben Sie vielleicht, wir haben diese vier Noten bis zu ihrer äußersten Entfaltung erforscht; wir haben aber erst damit angefangen, ihre verschiedenen Verwendungsmöglichkeiten herauszufinden. Die schwindelerregende Wahrheit lautet, daß es eine ganz neue »Milchstraße« von Möglichkeiten gibt. Diese Reihe von vier Tönen wurde von sehr ungleichen Komponisten benützt, um Musik von großer Schönheit und Vielfalt zu komponieren. Nehmen wir nun zum Beispiel die vier Noten wieder als Anfang einer Melodie, aber dieses Mal wiederholen wir einfach eine oder zwei davon, bevor wir die nächsten schreiben. Sagen wir, die erste Note wird zweimal niedergeschrieben:

Nach Note zwei gehen wir dann zurück zu Note eins und dann wieder zu zwei:

dann nehmen wir Note Nr. drei, wiederholen sie und fügen Note vier hinzu:

Was wir hier geschrieben haben, ist nichts anderes als das Notturno-Thema aus dem »Sommernachtstraum« von Mendelssohn. Ist das nicht erstaunlich einfach?

Horn:

Noch ein reizvolles Beispiel dieser Art Variation, die Noten zu wiederholen, finden wir in der kleinen »Shaker Hymn«-Melodie, die Aaron Copland in seinem Ballett »Appalachian Spring« benützt. Die Melodie entwickelt sich natürlich ebenfalls aus denselben vier Tönen, nur daß hier die zweite Note wiederholt wird und die Melodie wie folgt herauskommt:

KLARINETTE:

Aber dieser Einfall, Noten zu wiederholen, ist nur eine der vielen Arten, in der unsere 4-Noten-Formel abgewandelt werden kann. Zum Beispiel können wir die vier Noten nehmen und sie mit ganz einfachen »Dissonanzen« verzieren, um so eine ganz andere Form und einen neuen Ausdruck zu erhalten. Allerdings bedeutet in diesem Sinn eine Dissonanz nicht etwas wirklich Unschönes; sie bezieht sich bloß auf jede Note, die in diesem Moment nicht streng zur Harmonie gehört. Wir nehmen als Beispiel ein volkstümliches Lied aus dem Broadway-Musical »Bells Are Ringing«, und zwar »The Party's Over«. Der Komponist, Jules Styne, hat hier eine Phrase, die grundsätzlich »How Dry I Am« ist, geschrieben und nur eine Dissonanz hinzugefügt, die man »Appoggiatura« nennt, ein Fachausdruck, der bedeutet, daß eine Note sich an eine zweite anlehnt. Mit andern Worten, es ist eine Dissonanz, die sich in eine andere Note, die keine Dissonanz ist, auflösen muß.

Und so wurde ein Lied geboren:

L. B. SINGT:

oder mit den Worten von Comden und Green:

In sehr ähnlicher Weise benützt auch Richard Strauß eine Dissonanz und variiert das gleiche Motiv im »Till Eulenspiegel«. Erinnern Sie sich an das berühmte Hornthema?

HORN:

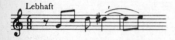

Dieses bezaubernde Motiv besteht aus nichts anderem als aus unseren alten vier Noten, diesmal versehen mit einer neuen verzierenden Dissonanz, die sich dann in die letzte Note auflöst:

Aber jetzt kommen wir zu den wichtigsten Arten, mit denen man unsere Formel variieren kann, nämlich zu den sogenannten Permutationen; das heißt, man verändert einfach die Reihenfolge der vier Noten. Ich bin sicher, Sie alle kennen den Klang der Westminsterglocken, wenn sie die dritte Viertelstunde schlagen. Diese beliebten Motive sind alle nichts als Permutationen von »How Dry I Am«. Die vier Noten werden einfach vertauscht, um die verschiedenen Phrasen zu bilden:

KLAVIER:

So hören wir Big Ben drei verschiedene Permutationen unserer vier Noten schlagen, aber dabei deutlich die ursprüngliche Reihenfolge vermeiden. Noch eine Permutation, die nicht von diesen Glocken benützt wird, ist die folgende:

Sie ist uns natürlich allen bekannt als »Sweet Adeline«. (Altes amerikanisches Lied, das häufig von Chören gesungen wird.) Jedoch auch Prokofieff benutzt diese Permutation im letzten Satz seiner Fünften Symphonie:

ORCHESTER:

Wenn wir symphonische Musik betrachten, sind wir in der Tat erstaunt, wie oft große Komponisten unsere vier kleinen Noten permutieren. Sollten Sie sich je eine der Opern aus Wagners »Ring« anhören, werden Ihnen alle möglichen Abarten der 4-Noten-Formel auffallen. Das Thema des Vogels in »Siegfried« zum Beispiel ist ein rasches, fliegendes kleines Motiv, in dem die vier Noten in der Reihenfolge 1–2–4–3 verwendet werden:

KLARINETTE:

Sogar Siegfrieds kräftiger Hornruf ist eine Permutation derselben vier Noten in der Reihenfolge 2–1–4–3:

Nur liegt die Note 1 um eine Oktave höher, und die Note 2 wird wiederholt, bevor die Note 3 zu hören ist. Dann wird alles in lebhaften Jagdrhythmus gesetzt und kommt folgendermaßen heraus:

HORN:

Oder wenn wir uns wieder Brahms zuwenden, finden wir, daß einer seiner größten und vornehmsten Einfälle nichts anderes als eine Permutation des Motivs ist, das man von den Westminsterglocken hört, wenn sie alle Stunden das dritte Viertel schlagen:

Nur hat Brahms in der wundervollen Einleitung zum Finale seiner Ersten Symphonie diesen Noten einen außerordentlich packenden Rhythmus verliehen und entwickelt die Phrase auf so einzigartige Weise, daß die ganze Passage zu einem beinahe himmlischen Ruf ausbricht:

ORCHESTER:

Wunderbar, was aus einem einfachen Glockengeläute entstehen kann, nicht wahr?

Sogar noch verblüffender ist die Entdeckung, daß aus dieser gleichen Permutation das triumphierende Liebes-Thema am Schluß der Strauß-Oper »Salome« entsteht:

Strauß scheint in dieser Besprechung wirklich der große Mann zu sein, aber es ist schon faszinierend zu sehen, auf wieviele verschiedene Arten er imstande war, diese vier Noten zu verwenden und immer wieder anders zu gestalten. Die schönsten Erfolge damit erreichte er wohl gegen Schluß seiner herrlichen Oper »Der Rosenkavalier«, wenn sich die drei weiblichen Hauptstimmen zu dem unvergeßlichen, herzbewegenden Terzett vereinigen. Und dieses ganze Terzett – stellen Sie sich vor – ist wieder aus einer anderen einfachen Permutation unserer Formel, angeordnet 3–4–2–1, konstruiert:

Zunächst klingt es nicht sehr vielversprechend; man hört in der Tat die Melodie in der Oper zuerst als fröhlichen, trunkenen, kleinen Walzer:

KLAVIER:

Aber wenn diese Melodie dann in der Form des Terzetts wiederkehrt, wird sie zu einem der bedeutendsten Elemente der gesamten Opernliteratur:

(Hier wird das Terzett von drei Sängerinnen, welche die Rollen der Marschallin, der Sophie und des Oktavian verkörpern, begleitet vom Orchester, gesungen.)

Nun, hier gibt es eine Menge Permutationen. Aber wir haben bloß an der Oberfläche gekratzt. Die »Googols« von Möglichkeiten sind so endlos, daß es immer einen neuen Gesichtspunkt gibt, von dem aus die Noten so behandelt werden können, daß sie frisch wie Gänseblümchen wirken. Es ist unmöglich, hier sämtliche Arten zu besprechen, aber als »Dessert« bringe ich Ihnen jetzt nur noch eine Möglichkeit, nämlich die Formel einfach in Moll zu setzen. Sie sehen hier alle bisher untersuchten Versionen samt der direkten Formel:

KLAVIER:

die Versionen mit Verzierungen wie:

die permutierten Versionen wie:

alle diese Versionen sind in Dur gesetzt, weil – nun »How Dry I Am« steht eben in Dur. Doch alles, was wir jetzt zu tun haben, ist, die letzte Note leicht zu ändern, um die Formel in Moll zu setzen:

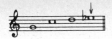

und ganz neue Ausblicke eröffnen sich uns. Die Beispiele für die leicht variierte Formel werden zur Legion. Sie kennen alle das Finale aus der »Pathétique«, der Sonate von Beethoven?

Und hier ist die Formel nochmals in einer rhythmischen Variante, und sie entpuppt sich als die berühmte Melodie aus der »Raymond«-Ouvertüre, die Ihnen vielleicht noch aus der Stummfilmzeit in Erinnerung ist:

ORCHESTER:

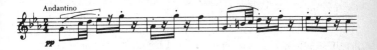

Sie könnten glauben, daß in unserem zwanzigsten Jahrhundert kein Mensch auf Erden es noch ertrüge, diese vier Noten zu hören, geschweige denn daß ein Komponist sie je wieder schreiben würde. Aber Schostakowitsch konnte es ertragen und hat diese gleichen Noten mit großartigem Erfolg im letzten Satz seiner Fünften Symphonie verwendet. Er baut den

ganzen Satz darauf auf, frech und stürmisch. Er platzt direkt damit heraus:

in Moll, ohne Permutationen, ohne Verzierungen oder sonstwas. Das ist
sie, das ist seine Melodie.

Und wenn er zum blendenden Abschluß des Satzes gelangt, bleibt ihm
natürlich nichts anderes mehr übrig, als die Melodie wieder in Dur zu
setzen, und zwar im Blech – unverfroren und ohne Zurückhaltung:

Bei dieser Stelle hat vielleicht jemand unter uns das Gefühl, diese Melodie hätten wir nun gehabt – für alle Zeiten. Aber wir müssen auch das
Wunder dieses neuen Erblühens von »How Dry I Am« spüren, das noch
für das Jahr 1937 übriggeblieben war – nach all den Jahren von Händel,
Beethoven, Brahms, Wagner und Strauß – ein Wunder der unversiegba-
ren Fruchtbarkeit des menschlichen Geistes und der unendlichen schöpferischen Kraft des Menschen.

Denken Sie daran, daß Schostakowitsch zu einer Zeit strenger Kritik
von seiten seiner Regierung komponiert hat. Er versuchte, sich bei den
Sowjets wieder in Gnade zu bringen, sich anzupassen und zu gefallen.
Doch sogar als er, sich unterwerfend, so bequeme, bekannte vier Noten
benützte, war sein unermeßlich schöpferischer Geist imstande, die Banali-
tät dieser vier Noten zu überwinden und ihnen neuen künstlerischen Ausdruck zu verleihen. So können wir diese historischen vier Noten als Motto
der unendlichen Vielseitigkeit des Menschen auffassen und seines unbe-
zähmbaren Willens, Neues zu schaffen und sich als Individuum zu behaupten.

Hängen Sie dieses Bild über Ihrem Schreibtisch auf; es ist wirksamer als eine Aufschrift, die lautet: »Lächle« oder »Denke«. Es ist ein Motto, das sagt: »Freue Dich!«

(Am Schluß der Sendung wurde das ganze Finale der Fünften Symphonie von Schostakowitsch aufgeführt.)

Jazz in ernster Musik

LEONARD BERNSTEIN:

Hätte dieses Programm den Titel »Benennen Sie diesen Lärm« oder etwas Ähnliches und Sie sollten den nachfolgenden Notenauszug identifizieren, würde es Ihnen vielleicht ein wenig schwerfallen. Aber sogar wenn Sie diese Musik noch nie gehört hätten, zwei Dinge könnten Sie wahrscheinlich darüber sagen: erstens, daß es sich um ernste Konzertmusik handelt, symphonisch in ihrer Art der verzweigten Entwicklung und der groß angelegten orchestralen Konzeption, zweitens, daß es wahrscheinlich amerikanische Musik ist, weil gewisse Elemente darin an Jazz erinnern.

ORCHESTER:

Dieser Auszug ist aus der Dritten Symphonie von Aaron Copland, die sehr symphonisch und sehr jazzmäßig ist. Bei flüchtiger Überlegung wundert man sich wohl, wie zwei so ungleiche Kameraden sich gefunden haben. Konzertmusik bringt immer eine Nebenbedeutung mit von Besonnenheit, geistigem Aufschwung und tödlichem Ernst, während Jazzmusik als Begriff für Entspannung, Improvisation, Hemdsärmel – kurz, für Spaß gilt. Vielleicht kann man den Unterschied noch besser ausdrücken, wenn man sagt, daß man während Jazzmusik ohne weiteres sprechen, lachen, tanzen oder den Raum für einen Augenblick verlassen kann, hingegen bei symphonischer Musik – da gibt es kein Wort, keine Bewegung, man sitzt da mit dem Kopf in den Händen, mit geschlossenen Augen, in wunderbare Träume versunken – oder vielleicht gerade nur ein wenig vor sich hindösend.

Doch, sie können sich wohl zusammentun, diese beiden gegenseitig »Fremden«, und sie tun es auch oft. Wir wollen jetzt zwei erstklassige Beispiele solcher Kameradschaft betrachten und versuchen herauszufinden, wie eine so merkwürdige Ehe zustande kommen kann.

Um die Wende des zwanzigsten Jahrhunderts erreichte die große europäische Tradition symphonischer Musik einen Punkt der Erschöpfung. Diese Musik war über ein Jahrhundert lang weiter und weiter entwickelt worden, von Mozart zu Beethoven, zu Brahms und zu Wagner, und jeder dieser Komponisten hatte zur Größe des Orchesters, ebenso zur Länge und zum Gewicht der gefühlsmäßigen Aussage der Werke etwas hinzugefügt, bis um das Jahr 1900 Mahler sie alle überrundete. Um wieviel bedeutender konnten Musikwerke noch werden? Die Entwicklung mußte irgendwo haltmachen, wenn die Musik nicht zugrunde gehen sollte. Das einzige Mittel dagegen schien zu sein, alles über Bord zu werfen und neu zu beginnen, frisches Material und neue Einfälle zu suchen – Atonalität, Viertelton-Musik, Ganzton-Skalen, alte griechische Skalen, alles, nur

47

nicht mehr das Dreierspiel – Mozart – Mendelssohn – Mahler, welches die Deutschen während mehr als hundert Jahren mitgemacht hatten. Zur größten Anziehungskraft für Komponisten dieser neuen antisymphonischen Generation gehörte der Reiz des Exotischen, das Weit-Entfernte – der Ferne Osten, der Nahe Osten, Afrika – irgendein Land, nur nicht Deutschland. Und die stärkste exotische Anziehung von allen übte vielleicht folgender, ganz besonderer Klang aus:

HONKY-TONK-KLAVIER:

»Ragtime« nannte man damals diese Halbblut-Musik, die in New Orleans aus afrikanischer Trommelmusik, französischen Militärmärschen und polnischen Polkas entstanden war. Was war daran so verführerisch? Die »blue notes«, die Synkopen oder die Posaunenschleifer? Nein. Man kann die Wirkung nicht auf technische Einzelheiten zurückführen. Diese Musik wurde dadurch unwiderstehlich, daß sie »Leben« hatte; sie war frisch und lebendig – beschwingt. Gerade danach dürstete den ermatteten europäischen Musiker, der das schwere Gebräu von Wagner, Reger, Pfitzner und Konsorten nicht mehr verdauen konnte. Diese Honky-Tonk-Musik war würzig, leicht, schäumend; sie war »Sal Hepatica«.

Um 1912 sah man den Ragtime etabliert. Es gab einen ständigen Strom von Rags, der von »Tin Pan Alley«* kam.

* So wurde ein ärmlicher Negerdistrikt im Süden genannt, wo sich der Jazz ursprünglich entwickelt hatte. Heute ein Begriff für Negermusik im allgemeinen.

(L.B. zeigt einzelne alte Notenblätter: »Spaghetti Rag«, »Black and White Rag«, »Alexander's Ragtime Band«, »Skeleton Rag«, »Ragging the Baby to Sleep«, »He's a Rag Picker« und andere.)

Sehen wir uns einmal einen der bekanntesten an, es war sogar der erste, der erschien, »The Maple Leaf Rag«:

KLAVIER:

Was macht nun gerade einen »Rag« daraus? Zunächst also ist es ein Marsch, wie man aus der Begleitung hört:

Aber über dieser Begleitung steht nichts, zu dem je einer marschierte. Lebhafte, fröhliche synkopierte Figuren, die Lust zum Tanzen machen, nicht zum Marschieren.

Die wesentliche Färbung ist die des Honky-Tonk-Klaviers; es könnte vom besten Orchester der Welt nicht besser gespielt werden, es gehört in eine Bar.

Was die Form betrifft, so ist sie die gleiche wie bei jedem Marsch mit kontrastierendem Trio oder Mittelteil.

Und das ist alles. Keine Spur von »blue notes« oder von irgendetwas von dem Drum und Dran des Jazz, der später so wichtig wurde; einfach nur reine, naive gute Laune.

Stellen Sie sich nun vor, wie süß all dies jenen neuen europäischen Komponisten in die Ohren tönte, besonders denen in Paris, die so eifrig auf der Suche nach frischen, nicht wagnerianischen Gewässern waren. Erik Satie, Debussy, Ravel, Martinu, Milhaud, Tansman, Strawinsky – sie alle griffen gierig nach dem neuen exotischen Tonikum, tranken es aus, impften es künstlich ihrem eigenen Stil und ihrem Wortschatz ein, und die Musik, die danach herauskam, eignete sich eher für das »Moulin Rouge« als für die »Gesellschaft der Musikfreunde«. Hier ist zum Beispiel ein Ragtime aus dem Ballett »Parade« von Satie, das nur zwei Schritte vom »Maple Leaf Rag« entfernt ist. Die Musik könnte beinahe ein authentischer Original-Ragtime sein, aber recht oft kommt plötzlich eine Verflechtung oder eine unerwartete Wendung zum Vorschein, welche die Hand eines intellektuellen europäischen Komponisten verrät.

Verstehen Sie, was ich meine? Das konnte unmöglich »Tin Pan Alley«
sein. Aber das ist noch nichts im Vergleich zu der raffinierten Behandlung,
welche der Rag von einigen europäischen Komponisten erfuhr. Strawinsky kam mit nicht weniger als drei Ragtimes heraus, einer komplizier-

ter als der andere, keiner davon auch nur annähernd für New Orleans oder für »Tin Pan Alley« verständlich, aber doch aus dem Ragtime entstanden. Hier haben Sie ein Stückchen aus »Ragtime für elf Instrumente« von Strawinsky. Eines der Instrumente ist das ganz und gar nicht Ragmäßige ungarische Instrument, das man Hackbrett (Cymbal) nennt. Versuchen Sie sich beim Zuhören vorzustellen, welchen Spaß Strawinsky damals im Jahre 1918 beim Komponieren gehabt haben mußte:

ORCHESTER:

Wie Sie sehen, betreten wir nun den Boden der sogenannten »Ernsten Musik«. Nicht nur hier ein Foxtrott, dort ein »bunny hug« (amerikanischer exzentrischer Tanz); diese Komposition war als erstklassige Musik gedacht, etliche Stufen über bloßer Unterhaltungsmusik stehend. Und das war gerade erst der Anfang. Inzwischen haben wir die aufregenden zwanziger Jahre erreicht, und das Wort »Ragtime« gehört der Vergangenheit an. An seiner Stelle stand das nagelneue Wort »Jazz«; dieser hatte sich zwar aus dem Ragtime entwickelt, ging jedoch weit darüber hinaus. Er enthielt viel mehr Feinheiten; er zeigte mehr vom Einfluß der Neger, zum Beispiel diese »blue notes«, die wir im Ragtime nicht finden, und er wies eine weit größere Vielfalt an Tonfarben auf, da die Musik hauptsächlich für Orchester und nicht für Klavier allein gedacht war; sie war komplizierter, raffinierter, weniger simpel, weniger »ricky-ticky«.

Alle diese Veränderungen spiegeln sich in der Musik jener europäischen Komponisten wider, die noch begierig aus dieser exotischen amerikanischen Quelle trinken. Nur haben wir jetzt anstelle eines Ragtime von Satie einen Charleston von Martinu, einen Shimmy von Hindemith und einen Foxtrott von Ravel. Aus all diesen Werken sticht ein wirkliches Meisterwerk heraus, eine als Ganzes vollentwickelte Jazz-Komposition von solchem Charakter und solcher Originalität, daß sie heute noch genauso frisch klingt wie im Jahre 1923, als sie geschrieben wurde. Es ist das Ballett »La Création du Monde« von dem glänzenden französischen Komponisten Darius Milhaud. Ich nehme mir die Freiheit, dieses Werk ein Meisterwerk zu nennen, weil es das einzige wahre Kennzeichen eines Meisterwerks besitzt – die Dauerhaftigkeit. Aus all den Experimenten, in denen zu jener Zeit Europa mit dem Jazz flirtete, kam nur »La Création du Monde« vollständig heraus, nicht als Flirt, sondern als echter Liebesroman mit dem Jazz.

Wer kann dieses Phänomen erklären? Schließlich war das Experiment Milhauds genauso künstlich wie alle andern, genauso bewußt im Versuch, zwei Arten von Musik von beiden Seiten des Atlantiks miteinander zu kreuzen. Aber dieses Experiment erblühte zu einer schönen Blume, während die andern Versuche eben Experimente blieben, die zwar faszinierend, aber doch ein wenig grotesk waren. Die einzige Erklärung liegt in der Musik selbst. Sehen wir sie uns an.

Zunächst einmal ist das Werk für ein sehr kleines Orchester geschrieben – zumindest am alten symphonischen Standard gemessen – eine Handvoll Streicher, einige Solo-Holzbläser, dazu ein Saxophon, zwei Trompeten, ein Horn, eine Posaune, ein Klavier und natürlich eine Menge Schlagzeug. Dieses Gemisch wurde vielleicht zum Teil auf Grund der Jazzbands, die Milhaud angeblich hörte, als er Amerika besuchte, zusammengestellt, obwohl ich mir nicht vorstellen kann, in welchen Jazzbands Flöten und Cellos vorkamen. Ich nehme an, es ist in Wirklichkeit eine Kreuzung zwischen einer idealisierten Jazzband und dem typisch verfeinerten französischen Denken Milhauds. Schließlich war ja dieses die Denkweise der französischen Komponisten: »Die Deutschen haben die Musik aufgeblasen, wir werden sie wieder zum Einschrumpfen bringen.«

Milhauds Partitur beginnt ausgerechnet mit einem Präludium und einer Fuge. Das Präludium fängt ganz unschuldig mit einer süßen, beinahe Bach-artigen Melodie an:

ORCHESTER:

Darin kommt keine Andeutung von Jazz vor, außer daß diese Melodie vom Saxophon gespielt wird. Aber sobald die erste Phrase zu Ende ist, schleichen sich mit einem »lick« oder »break« oder »fill«, wie die Jazzer sagen, leise zwei Trompeten hinein:

womit der Abstieg sanft eingeleitet wird. Von hier an spinnt das ganze Präludium abwechselnd Fäden zwischen den beiden gegensätzlichen Elementen, das eine zart und edel, das andere vulgär und jazzartig; und durch irgendein Wunder musikalischer Eingebung vereinen sich die beiden zu unvergeßlich schöner Musik.

Dann bricht in diese zarte Stimmung überraschend eine Jazzfuge ein, wild, mit Schlagzeug, frech, aber immer von dieser feinen, gallischen Hand kontrolliert:

Es ist eine ungewöhnliche Mischung: diese »dirty blue notes« und die Synkopen:

und wie sie auf elegante Weise von diesem schicken französischen Orchester gehandhabt werden – noch dazu in einer Fuge – einer echten, 18karätigen, klassischen Fuge in der großen Tradition des europäischen Kontrapunkts. Wenn Sie dies für akademisch halten, hören Sie sich die Stelle an, wo das Fugenthema und dieses erste Bach-artige Thema zu gleicher Zeit gespielt werden; das ist so klassisch wie nur immer möglich. Hier sind die beiden Themen zusammen, eines in der Flöte, eines im Cello:

55

Aber gerade diese merkwürdige Mischung des Barbarischen und Hoch-
zivilisierten beherrscht den Ton dieses Stückes vom Anfang bis zum Ende.
Das Hauptmotiv, das durch das ganze Werk geht, besteht zum Beispiel
aus dieser Notengruppe, die Millionen Menschen als »Good Evenin'
Friends« kennen und lieben:

KLAVIER:

Aber durch Milhauds feine Hand erhält diese Phrase eine neue Lyrik wie
in dieser köstlichen Passage:

ORCHESTER:

Sehen Sie, wie stark die Persönlichkeit des Komponisten sogar durch
dieses brüchige, heruntergekommene Material durchscheint? Und auch
in dem ganz starken Dixieland-Chor gegen Schluß des Werks (siehe
Partitur) – wobei jeder seine eigene Melodie – mit »free-for-all« Kontrapunkt hinausschmettert – es herrscht ein geschmackvoller, sauberer Ton,
eine Klarheit und Präzision – echt französisch, echt Milhaud. Man spürt
ständig die Hand des Meisters.

(Jetzt spielt das Orchester das ganze Werk.)

56

ORCHESTRA

57

Da wir nun das Jazz-Meisterwerk der europäischen Musik gehört haben, finde ich, es wäre erläuternd und auch gerecht, einen Blick auf das Gegenstück in Amerika zu werfen. Ungefähr um dieselbe Zeit, als Milhaud seine »Création du Monde« schrieb, arbeitete ein hochbegabter junger Amerikaner namens George Gershwin an einem unsterblichen Experiment, das den Titel bekam »The Rhapsody in Blue«. Viele werden gegen das Wort »Meisterwerk« im Zusammenhang mit dieser Musik etwas einzuwenden haben, aber man kann nicht leugnen, daß kein anderes amerikanisches Musikstück die Menschen auf der ganzen Welt so völlig eroberte wie diese »Rhapsody« mit ihren unfehlbaren melodischen Einfällen und ihrer rhythmischen und harmonischen Inspiration.

Gershwin war genau in der entgegengesetzten Lage wie Milhaud, der den Jazz erst lernen mußte; Gershwin mußte lernen, wie man symphonische Musik schreibt. Er war ja hauptsächlich nur ein Komponist von Songs – ein sehr guter zwar, aber was Orchestrierung, Form und symphonische Technik betraf, war er noch ein Schüler. Doch beide Komponisten, Milhaud und Gershwin, taten jeder auf seine Weise das gleiche: sie bemühten sich ganz bewußt, Jazz mit althergebrachter Musik zu verbinden. Nur bestand Milhauds bewußtes Streben darin, sich die fremden Jazzelemente auszuleihen, um sie in den reichen Boden seines persönlichen symphonischen Stils zu pflanzen, während Gershwins Bemühen dahin ging, sich die Technik traditioneller symphonischer Kompositionen von Europa auszuleihen, um einen Boden zu haben, in den er seine natürlich aufgehende Saat des Jazz säen konnte. Sie kamen von verschiedenen Wegseiten her, das ist alles – Gershwin kam von Tin Pan »Alley«, Milhaud von den viel kultivierteren »Alleen« hinter dem Eiffelturm. Wenn man Gershwins Stück hört, ist es, als beiße man in einen schönen, großen, saftigen Apfel und ließe den Saft frei übers Kinn laufen, während man beim Werk Milhauds mehr das Gefühl hat, denselben Apfel elegant mit Messer und Gabel zu verzehren, und dabei die Frucht sorgfältig schält und einen Bissen nach dem andern genießt. Denn Milhaud ist ein Anti-Romantiker, ein Neo-Klassizist, der großen, üppigen Töne müde, während Gershwin ein naiver, romantischer Amerikaner, hemmungslos, überschwenglich und wundervoll altmodisch war. Sehen Sie nur, wie er dieselbe »Good Evenin' Friends« Phrase behandelt, die Milhaud so elegant benützt. In der »Rhapsody«, wo diese Phrase wieder das Grundmotiv des ganzen Stückes ist, kommt sie so heraus:

KLAVIER:

Nichts Ausgeklügeltes ist hier drin. Oder er macht auch gewöhnliche Routine-Sequenzen daraus wie diese:

und dann wieder so:

Hinauf und hinauf, in der erprobten und richtigen Technik von Liszt und Tschaikowsky. Aber dies war tatsächlich die einzige, ihm bekannte Art, einen Einfall zu entwickeln. Wenn er zum Beispiel darangeht, diese wundervolle Melodie zu entfalten:

muß er wieder zu der gleichen Sequenzen-Behandlung Zuflucht nehmen:

Und was die Form betrifft, nun, da ist einfach ein Abschnitt an den andern lose mit Kadenzen angeheftet. Wie diese zum Beispiel:

ENDE DES ABSCHNITTS

KADENZ

ENDE DER KADENZ

SEQUENZ   SEQUENZ   *rall.*

NEUER ABSCHNITT
Andantino moderato

61

Sie sehen, »The Rhapsody in Blue« ist derart zerteilt und zerhackt, daß man sie zerschneiden, die Abschnitte untereinander auswechseln oder die Hälfte davon weglassen könnte; man kann sie auch von rückwärts spielen, auf dem Klavier, auf der Orgel, auf dem Banjo oder auf dem Mirliton; aber was immer man damit macht, es bleibt »The Rhapsody in Blue«. Warum? Weil diese Melodien so großartig sind. Der bloße Einfall darin wird nie abgedroschen klingen.

Wenn Sie sich aber versucht fühlen, Gershwin abfällig zu kritisieren oder ihn nicht ernst zu nehmen, dann bedenken Sie dieses: die Tragödie von Gershwin bestand darin, daß er schon in seinen Dreißigerjahren starb, gerade dann als seine Technik endlich Früchte zu tragen begann, gerade als er sein schönstes Werk, »Porgy and Bess«, vollendet hatte. Wer kann sagen, was sein nächstes Werk gewesen wäre? Wer weiß, zu was für hohen Werten dieser außerordentlich begabte Mensch das rohe Jazzmaterial, das er von der andern Wegseite mitbrachte, verarbeitet hätte?

(»The Rhapsody in Blue« *wird aufgeführt.*)

Viele amerikanische Komponisten haben seither den Jazz umgewandelt und auf viel kunstvollere und kompliziertere Weise als Gershwin verwendet. Denn vielen von ihnen drang der Jazz ins Blut, er wurde ein Teil der Luft, die sie atmeten, so daß in ihrer Musik der Jazz in neuer veränderter Form zum Ausdruck kam und überhaupt nicht mehr nach Jazz, aber unverkennbar amerikanisch klang. Komponisten wie Copland, Harris, Schuman, ja sogar Sessions und Piston schrieben amerikanische Musik, ohne sich darum zu bemühen, sondern als Resultat einer unbewußten Verwandlung von Jazz-Elementen oder Jazz-Gefühlen. Das sind die stärksten bestimmenden Kräfte der amerikanischen Musiksprache.

Aber es gibt eine noch jüngere Generation amerikanischer Komponisten, die eine weitere Entwicklung dieser Materie bringen. Diese Komponisten sind in beiden Welten zu Hause, in der des Jazz und in der des Konzertsaals; sie wurden in beiden Kunstarten an Konservatorien ausgebildet und schrieben ungewöhnliche Arrangements für Stan Kenton. Ihre Musik ist völlig ausgeglichen, und sie brauchen weder Jazz zu entleihen wie Milhaud noch symphonische Technik wie Gershwin. Vielleicht liegt die Zukunft der amerikanischen Musik in ihren Händen.

Der zeitlose Mozart

(Das New Yorker Philharmonische Orchester in Venedig)

(Das Orchester beginnt mit der Ouverture zu »Die Hochzeit des Figaro« von Mozart)

LEONARD BERNSTEIN:

Diese Aufführung der Ouverture von Mozarts Oper »Die Hochzeit des Figaro« ist unsere Postkarte aus dieser herrlichen Stadt Venedig. »Mit den herzlichsten Grüßen an alle unsere amerikanischen Freunde; schade, daß Ihr nicht mit uns seid, wir haben es hier wundervoll.« Aber warum Mozart? Warum spielen wir amerikanischen Musiker in einem italienischen Theater österreichische Musik? Ich glaube, Sie werden das gleich verstehen, wenn Sie sich jetzt in diesem atemraubenden Juwel eines Opernhauses, im »Teatro La Fenice«, umsehen werden.

(Das Innere des Hauses wird ausgeleuchtet.)

Es ist die Verkörperung dessen, was wir für die Schönheit des 18. Jahrhunderts halten. Sehen Sie nur die aristokratische Eleganz der Proportionen; die intime Größe, die natürlich das edelste Element darstellt; die luftige Helle der Struktur; die zarte Fröhlichkeit der Malerei; die feinen Ornamente der Stukkatur; die genau berechnete, geschmackvolle, verschwenderische Ausstattung.

Wenn wir all dies sehen, was hören wir mit unserem inneren Ohr als erstes? Mozart natürlich, der für die meisten von uns Eleganz, Geist, Zartheit, Innigkeit und noch mehr bedeutet. Wenn dies jedoch alles wäre, dann hätte Mozart immer nur als Künstler seiner Zeit gegolten, ein

Rokoko-Genie, das seine Epoche in Musik eingefangen hat. Aber dasselbe versuchten damals ja auch andere Komponisten, zum Beispiel Stamitz und Dittersdorf, nämlich die Zeitperiode in Noten einzufangen, und es gab noch eine Menge anderer Komponisten damals, deren Namen Sie vielleicht noch nie gehört haben; dazu gehörten auch einige Söhne des alten Johann Sebastian Bach, die sich von allem, was mit der Zeit als Papas verstaubter Stil mit schwierigen Fugen und kompliziert-verworrenem Kontrapunkt angesehen wurde, loslösten. Diese Komponisten hatten sich auf den reizenden neuen Pfad der Geziertheit des späten 18. Jahrhunderts begeben und leichte, kapriziöse, geistvolle, melodiöse Musik – geeignet für den oberflächlich, leichtsinnig lebenden Adel – geschrieben. Aber heute sind sie alle größtenteils nur noch bewunderte Namen, Mozart hingegen ist der göttliche Mozart und wird es immer sein. Nicht nur ein Name, sondern ein himmlisches Genie, das auf diese Erde kam, dreißig und einige Jahre blieb, und als er die Welt verließ, war sie neu, bereichert und durch seinen Besuch gesegnet.

Worin besteht der Unterschied? Einzig darin, daß Mozarts Genie wie das aller großen Künstler weltumfassend war. Mozart fing nicht nur das Gefühl, den Duft und den Geist seines Zeitalters ein, sondern auch den Geist und das Wesen des Menschen, des Menschen aller Epochen, des Menschen mit all seiner geheimen Sehnsucht, mit seinem Kampf und seiner Zwiespältigkeit. Als wir vor einem Monat in Moskau* waren, hörte ich den großen Boris Pasternak sagen: »Trotz allem bin ich voll Freude; meine Kunst besteht als ein Dokument der Tragödie menschlicher Existenz; diese wird von der Tragödie getragen; und meine Kunst ist meine ganze Freude.« Unsere größten schöpferischen Geister sind so beschaffen, und so war auch Mozart. Dies mag manchen von Ihnen, die gewöhnt sind, in Mozart nicht mehr als aristokratische Feinheit zu sehen, irgendwie überraschend tönen. Wieviele Leute hörte ich schon seine Musik als »Geklingel« ablehnen, ihn als Komponisten für Spieldosen bezeichnen. Wird Mozart den Leuten nicht meistens mit folgendem Beispiel vorgestellt?

* Während der zehn Wochen dauernden Europatournee des New Yorker Philharmonischen Orchesters im Jahre 1959, die vom Präsidenten der Vereinigten Staaten aus einem besonderen Fonds für kulturellen Austausch finanziert wurde. Dieses Konzert in Venedig fand in der achten Woche der Tournee statt.

»Nichts für mich, diese gezierte Salonmusik«, sagen diese Menschen. »Ich möchte Kraft und Saft in der Musik spüren – Beethoven, Brahms, Tragik, Macht . . .« Diese Art zu reden kann nur eines bedeuten: sie kennen Mozart nicht. Niemand kann Mozart gehört haben, richtig mit beiden Ohren gehört haben, ohne zu empfinden, was Pasternak »die Tragödie der menschlichen Existenz« nannte. Hören Sie jetzt nur diese wenigen Takte aus der Mozart-Phantasie in C:

Ist das »Geklingel«? Nein, es könnte leicht Beethoven in einem seiner typischen tragischen Wutanfälle sein. Diese Musik hat die Angriffskraft eines Riesen. Wir finden in dieser Phantasie sogar etwas vom Beethovenschen Geheimnis, ein gewisses verschleiertes Wunder und die Ehrfurcht, die zu Mozarts rührendsten Eigenschaften gehört:

Spüren Sie die Melancholie, diesen tragischen Kern, sogar wenn alles auf solche Art in einen Rahmen des 18. Jahrhunderts gefaßt ist? Mozarts Musik tritt fortwährend aus ihrem Rahmen heraus, weil sie nicht darin gefesselt bleiben kann. Es spielt keine Rolle, wie deutlich jeder Takt die Aufschrift 1779 oder 1784 trägt, die Musik in ihrem Wesen ist zeitlos. Es ist klassische Musik, doch von einem großen Romantiker geschrieben. Es ist ewig moderne Musik von einem großen Klassiker.

Damit wir aber verstehen, wie Mozarts Musik ihren Rahmen sprengt, müssen wir zuerst verstehen, woraus dieser Rahmen, das Gehäuse des 18. Jahrhunderts, in dem sich diese Musik befindet, gemacht ist. Versuchen Sie an die Periode des 18.Jahrhunderts zu denken, wie sie Ihnen aus Büchern, Bildern, ja sogar aus Filmen bekannt ist. Wir wissen, daß es eine Ära der Förmlichkeit, der angepaßten Geisteshaltung (wenigstens beim Adel) war, eine äußerst konventionelle Zeit, in welcher dem Stil, den höfischen Gebärden, der Kleidermode, dem eleganten Benehmen, den festgesetzten Formen der Sprache und allem Ähnlichen ungeheure Aufmerksamkeit gezollt wurde. Dies hatte natürlich zur Folge, daß eine große Menge Vorbilder entstanden, denen kultivierte Damen und Herren nachleben mußten; und das bezog sich nicht nur auf soziale Vorbilder, sondern auch auf musikalische, da ja die Musik immer ihre Zeit widerspiegelt. Deshalb ist auch die Musik des 18.Jahrhunderts so voll von Mustern und Formeln, die beinahe zu Klischees wurden.

Nehmen wir zum Beispiel die Kadenzen. Sie wissen, daß die Kadenzen den harmonischen Verlauf bilden, durch welchen musikalische Phrasen zu einem Ende gebracht werden, ebenso wie Komma, Punkt und Absatz Wortphrasen zu einer Art Ruhepunkt bringen. Wenn Sie nun, vielleicht an einem regnerischen Nachmittag, das vollständige Werk Mozarts durchgehen, werden Sie zu Ihrem Entsetzen immer wieder dieselben Kadenzmuster finden, die der Komponist mit unglaublicher Gleichförmigkeit in einem Werk nach dem andern wiederholt, in einem Satz nach dem andern, ja in einer Phrase nach der andern. Diese Kadenzen sind fast keine Musik mehr; sie scheinen nur noch Interpunktionen zu sein. Hier sehen Sie das Beispiel einer typischen Mozartschen Kadenz, die aus dem langsamen Satz seiner »Prager Symphonie« stammt:

L. B. AM KLAVIER:

Ja, es ist eine reizende Kadenz. Aber wenn Sie nachzählen wollten, wie oft Mozart diese genau gleiche Sequenz von Noten:

in seinen gesammelten Werken verwendet hat, wären Sie versucht, ihm vorzuwerfen, daß er sich einfach wiederholt.

Kein zeitgenössischer Komponist würde sich je eine so häufige Wiederholung seines »Warenbestands« gestatten. (Außer den schlechten, hauptsächlich denen aus der Avantgarde.) Was kann das bedeuten? Daß Mozart sich vollständig ausgegeben hatte? Daß es ihm an Einfallsreichtum fehlte? Gewiß nicht, denn »Einfall« hieß Mozarts zweites Ich. Es bedeutet nur, daß Mozart ein Komponist seiner Zeit war und daß seine Ausdrucksmöglichkeiten notgedrungen durch die Konventionen dieser Zeit begrenzt wurden. Das Wunder besteht nicht darin, daß er konventionelle Formeln gebrauchte, sondern darin, daß er die Fähigkeit besaß, damit eine so erstaunliche Mannigfaltigkeit zu schaffen. Hören Sie jetzt, wie die gleiche Kadenzform in einem andern Rhythmus in seinem G-Dur-Klavierkonzert klingt:

Dieselben Noten, doch andere Musik. Im gleichen Konzert variiert er dann, anstatt genau zu wiederholen, auf diese Weise:

Und durch alle seine Werke hindurch können wir dieselbe Kadenz in verschiedenen Verkleidungen finden, zum Beispiel in dieser:

oder in dieser:

Verstehen Sie das? Es ist immer dieselbe Kadenz, aber jedesmal so ver-
ändert, daß sie einen eigenen neuen Sinn annimmt, der für die besondere
Phrase, die betont wird, genau richtig ist. Und so hat sie aufgehört, eine
Formel zu sein. Das ist Mozarts Stärke.

Jetzt zeige ich Ihnen ein anderes Beispiel, wie er Formeln komponiert.
Wenn wir bei Mozart die Figuren seiner Begleitung untersuchen – die
Stützen seiner Melodien –, finden wir wieder Serien wiederholter Kli-
schees. Zum Beispiel diese Begleitung:

Sie ist unter dem Fachausdruck »Albertische Bässe« bekannt und gehört
vielleicht zum abgedroschensten Zubehör der Musik des 18. Jahrhunderts.
In Gedanken verbinden wir diese Begleitung häufig mit dem Kling-Klang
der Musikdose, von der wir vorhin sprachen:

Aber wieder und wieder sehen wir Mozart diese Figuration so benützen, daß sie schon durch die Schönheit seines melodischen Einfalls, der darübersteht, umgeformt wird; so erscheint zum Beispiel die Alberti-Begleitung im zweiten Satz der erwähnten »klingelnden« Sonate, durch die zarte Feinheit der melodischen Linie darüber, neu und schön:

Oder hören Sie jetzt das folgende, überraschend romantische Thema aus dem G-Dur-Klavierkonzert, übervoll mit Tschaikowskyschen sehnsüchtigen Seufzern, die alle doch über den gleichen einfachen Alberti-Bässen schweben:

70

Aber noch mehr Eindruck macht das, was diesem Thema dann geschieht, wenn Mozart es später in der Kadenz entwickelt:

Wir wurden aus dem 18. Jahrhundert geradezu herausgerissen. Das Thema hat jetzt neue Kraft, beinahe Beethovensche Intensität erhalten, und zwar ohne für einen Moment das »Gedudel« in der linken Hand aufzugeben. Hier sehen Sie wieder, wie Mozart durch die Kraft und die Tiefe seines Einfalls über die Grenzen der Formeln hinausschritt.

Wir beginnen jetzt zu erkennen, woraus der Rahmen dieses 18. Jahrhunderts gemacht ist: Kadenzen, Formeln, Begleitungsformeln wie Albertische Bässe oder wiederholte Figurationen wie diese:

oder Triolen-Figuren wie diese:

Diese letzte Figur ist ein charakteristisches Beispiel. Ich weiß nicht, ob Sie das große Klavierkonzert in C-Dur, dessen zweiter Satz genau mit diesen Triolen beginnt, kennen. Aber wenn darüber eine unglaublich melodische Linie aufsteigt, erhält die mechanische kleine Begleitung selbst eine seltsame eigene Schönheit, besonders da sie mit köstlichen Pizzicato-Bässen orchestriert und durch die Holzbläser kunstvoll verstärkt ist. Ich halte diesen Satz für eine besondere Kostbarkeit der gesamten Musikliteratur:

Was für ein außerordentliches Erlebnis ist diese Melodie – losgelöst von Zeit und Ewigkeit; und doch bleibt sie auf der starren, formellen Unterlage des 18. Jahrhunderts ruhen.

Aber vielleicht am besten charakterisiert wird diese Periode der Stilisierung durch das ganze Drum und Dran der Verzierungen im 18. Jahrhundert; es sind Triller, Doppelschläge, Praller und Läufe, welche die Melodien dieser Epoche verzieren, genauso wie der verschnörkelte Stuck einen Sims dieses Teatro La Fenice ausschmückt. Es steigert sich beinahe zu einem Zwang. Der Komponist des 18. Jahrhunderts, verpflichtet der Anmut und dem aristokratischen Flitterkram, durfte nicht bloß eine

72

Melodie schreiben und sie dann sein lassen, wie sie war. Er mußte sie mit einer eleganten »Glasur« überziehen. Stellen Sie sich vor, wie atypisch diese berühmte Kling-Klang-Melodie, die wir vorhin gehört haben, ohne den verzierenden Pralltriller tönen würde:

Überhaupt nicht dasselbe, nicht wahr? Aber mit der Verzierung auf der vorletzten Note wird uns die Melodie plötzlich wieder als Freund aus dem 18. Jahrhundert vertraut.

Ja, diese Engelsstimme Mozart könnte sogar den »Schnörkel« dazu benützen, um große, gefühlvolle Musik daraus zu machen. Hören Sie ein Thema aus einer seiner Violinsonaten (K.V. 379), leidenschaftlich, stark, voll von pulsendem Schlag. Und doch ist es aus derselben »gekräuselten« Verzierung heraus gebildet:

VIOLINE:

Können Sie sich vorstellen, wie diese Musik ohne die dekorative Garnierung tönen würde? Nämlich so:

Ganz schlecht. Nackt und gewöhnlich. Die Verzierung erst macht die Musik interessant:

Es stellt sich also heraus, daß Mozart tatsächlich die Verzierungen selbst als hohe musikalische Werte benützt hat und nicht bloß als »Glasur« des 18.Jahrhunderts.

Aber die Verzierungen sind nicht nur auf Doppelschläge oder Triller beschränkt:

oder auf Vorschläge:

Sie werden sogar zu ganzen Skalen-Passagen und zu kompliziertem Filigran. Mozart kann vielleicht in einer reichverzierten Kadenz etwas schreiben, das grundsätzlich dieses einfache Notenschema ist:

Er verziert es aber auf diese flotte Art:

Was das doch für einen Unterschied ausmacht! Nicht nur wegen der brillant absteigenden Skala, sondern auch weil das Ende der Phrase in ein zwei Oktaven tiefer liegendes Register taucht, was ihr einen viel ausdrucksvolleren und bewegteren Charakter verleiht.

Auf so verschiedene Arten wandelt Mozart andauernd diesseits und jenseits seiner Epoche und sprengt den formalistischen Rahmen, indem er sogar die Formeln selbst auf seine eigene Weise benützt, um überraschend originelle und machtvolle Musik zu schaffen. Er besitzt diese Macht, gehaltvolle Werke zu komponieren, die in der Tat weit entfernt von der Musikdose stehen, in die man ihn so oft einschließen will. Nehmen wir eines seiner Menuette zum Beispiel; was könnte kraftloser erscheinen als ein zierliches Menuett? Und doch steht da ein muskulöses Menuett aus der g-Moll-Symphonie, das durch seine Stärke und den Erfindungsreichtum seiner Rhythmen völlig umgewandelt wird in einen leidenschaftlichen und erhabenen Satz:

ORCHESTER:

Wahrhaftig, ein »zierliches« Menuett! Ja, die vielen rhythmischen Spielarten und die überraschenden Wendungen in diesen wenigen Takten könnten für einen Komponisten des 20. Jahrhunderts typisch sein, so kühn und neu tönen sie. Und was die Kraft betrifft, denken Sie doch nur an die

75

»Jupiter-Symphonie«, insbesondere an den letzten kontrapunktischen Satz, der mit seiner kernigen, fugalen Verzweigtheit, seiner Männlichkeit und seinem architektonischen Drang an Bach erinnert:

ORCHESTER:

Enorme Kraft! Oder denken Sie an die dramatischen Kräfte des Opernkomponisten Mozart, der bis zu einem unheimlichen Grad den menschlichen Charakter durch die Musik ausdrücken konnte; erinnern Sie sich zum Beispiel an den plötzlichen Ausbruch der Donna Anna im »Don Giovanni« – das ist Musik, die ein ganzes Jahrhundert bis zu Verdi vorausblickt:

SOPRAN UND KLAVIER:

Que-gli è il car-ne - fi - ce del pa - dre mi - o!

Ja, das könnte tatsächlich aus »Aida« sein, so stark ist der dramatische Impetus darin. Oder hören Sie die folgende Passage aus »Don Giovanni«, wenn später in jenem schaurigen Moment die geisterhafte Statue des Komturs als Gast zur Tafel erscheint. Diese Musik ist von so gewaltiger Tiefe, daß sie beinahe wagnerianisch klingt:

BASS UND KLAVIER:

Non si pa - sce di ci - - - bo mor-ta - - le, chi si pa - sce di ci - bo ce - le - ste.

Wenn man diese Passage genau untersucht, findet man, daß sie sich so weit von der Tonalität entfernt, daß sie beinahe die Eigenschaften der Musik des 20. Jahrhunderts aufweist. Manche Kritiker nannten sie sogar »die erste je geschriebene Zwölftonmusik«. Was für merkwürdige Musik kommt da aus der Spieldose des 18. Jahrhunderts heraus! Aber bedenken Sie, das ist nicht Dittersdorf, das ist Mozart. Und Mozarts Musik geht über seine Zeit hinaus. Sie führt zurück zu Bach und vorwärts zu Beethoven, Chopin, Schubert, Verdi, ja sogar zu Wagner.

Mozart ist ganz Musik; es gibt nichts, was man von Musik erwartet, das er nicht bringen könnte. Ich würde Ihnen gern so viel von Mozarts Musik vorspielen, daß Sie vom erregenden Reichtum seines Gesamtwerks genügend zu hören bekämen – Werke wie die C-Moll-Messe, das Requiem, »Cosi fan tutte«, die Es-Dur-Symphonie, das g-Moll-Quintett und vieles andere. Da dies aber nicht möglich ist, spielen wir jetzt nur einen Teil aus einem seiner großen Klavierkonzerte, und Sie werden in diesem einen Werk, glaube ich, alle jene Eigenschaften, von denen wir gesprochen haben, konzentriert vorfinden. Wir spielen den zweiten und dritten Satz des wundervollen G-Dur-Klavierkonzerts. Sollte ich wirklich einmal mein Lieblingsstück für alle Zeiten nennen müssen, ich glaube, ich würde für das Andante stimmen, das wir jetzt hören werden. Es ist Mozart auf dem Gipfel seiner lyrischen Macht, und diese Musik vereint in sich Heiterkeit, Melancholie, tragische Intensität, alles in einer einzigen großen lyrischen Improvisation. Sie werden daraus die Ruhe eines Schubertliedes hören, das Filigran eines Chopin, das nachdenkliche Brüten eines Mahler. Und ich möchte Sie besonders auf die Schönheit der Orchestrierung hinweisen. Dieses Konzert ist, was das Orchester betrifft, eher bescheiden, sogar in dem begrenzten Rahmen eines Orchesters des 18. Jahrhunderts. Es gibt darin weder Trompeten noch Pauken, noch Klarinetten; aber warten Sie nur, bis Sie hören, welche Wunder Mozart mit drei Solo-Holzbläsern vollbringt, wenn er drei Stimmen miteinander verbindet wie die Gesangsstimmen eines Opernterzetts; auch werden Sie staunen über die große Leidenschaftlichkeit, die er mit einer kleinen inneren Melodie, von den Bratschen gespielt, hervorbringt. Wieder geht Mozart, sogar mit seiner Orchestrierung, über seine Zeit hinaus.

(Man hört den zweiten Satz des Konzerts, gespielt und dirigiert von L. B.)

Und jetzt treten wir aus der Versunkenheit und dem Geheimnis dieses beinahe heiligen Andante hinaus in das brillante Licht des Finale. Brillant ist das richtige Wort für diese wundervollen Rokoko-Variationen. Der ganze Satz ist in einen Schimmer getaucht, der nur aus dem 18. Jahrhundert kommen kann, aus dieser Epoche von Licht, Leichtigkeit und Erleuchtung. Diese Musik ist ein vollkommenes Produkt ihrer Zeit – geistreich, sachlich, graziös, köstlich. Und doch, über dem Ganzen schwebt der größere Geist, der Mozart eignet – der Geist der Leidenschaft, der Liebe zur Welt und sogar des Leidens – ein Geist, der keine Epoche kennt und aller Ewigkeit gehört.

(Mit dem letzten Satz des Klavierkonzerts wird die Sendung beendet.)

Rhythmus

(Auf dem Bildschirm ist ein wirkliches Herz zu sehen. Wir hören es schlagen.)

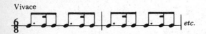

(Während das Orchester die Siebente Symphonie von Beethoven spielt, verschwindet langsam das Bild.)

LEONARD BERNSTEIN:

Tack, Tack, Tack – der Ursprung allen Lebens, sei es unser Blut oder unser Atem, sei es eine Pfahlramme, ein galoppierendes Pferd oder ein tropfender Wasserhahn. Puls ist überall in unserem Leben.

80

(Auf dem geteilten Bildschirm sieht man auf einer Seite L. B. und auf der andern den Fuß eines Schlagzeugers, der regelmäßige, gleiche Schläge klopft.)

Auf der primitivsten Stufe steckt der Puls in diesem Schlagzeugerfuß, der eine endlose Reihe gleichmäßiger Schläge vor sich hinhämmert. Doch wie wird aus einer so elementaren Sache wie dem Puls eine so ausgeklügelte Kunst wie der musikalische Rhythmus? Dieser Schlagzeuger tut bis jetzt nichts von musikalischem Wert, er macht nur 1, 1, 1, 1, 1 ... aber passen Sie jetzt auf, wenn er einen dieser Schläge in regelmäßigen Abständen zu betonen beginnt.

(Der Schlagzeuger betont den ersten Schlag eines jeden Takts.)

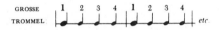

Nun tut er etwas. Er teilt die Schläge in regelmäßige Gruppen ein – *1, 2, 3, 4, 1, 2, 3, 4* – und der Puls wird plötzlich zum Takt.

(Das Bild des Schlagzeugers verblaßt, aber den Ton hört man weiter.)

Mit andern Worten, der Schlagzeuger macht seinen ersten Schritt zur Kunst des Rhythmus, indem er den bloßen Puls abmißt, überwacht, in Teile oder Takte einteilt und den ersten Schlag eines jeden Takts stark betont. Aber das ist nur der erste Schritt. Der Takt ist die Grundlage des Rhythmus.

(Man sieht den Fuß des Schlagzeugers.)

Gut, gehen wir einen Schritt weiter; der Schlagzeuger fügt jetzt über dem Takt eine rhythmische Figur hinzu.

(Die Kamera blendet zurück, und man sieht die Hand des Schlagzeugers.)

Und jetzt gehen wir hundert Schritte weiter und sehen zu, was er für eine rhythmische Figur zu improvisieren im Sinn hat, um sich auszudrücken.

(Großaufnahme des Schlagzeugers; er spielt ein Jazzmotiv.)

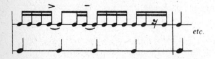

Jetzt hören wir Jazz – wir hören Musik.

Das Interessante an guter Jazzmusik steht auf einer viel höheren Stufe als nur auf Puls oder primitivem Bum-Bum, das wir Takt nennen. Es sind alle die rhythmischen Verzweigungen, die Synkopen, Verdrehungen und Überraschungen, die über den Schlag und gegen den Schlag gehen, die den Jazz schwungvoll machen. Und das gilt ebenso von jeder andern Musik einschließlich sogar eines so Metrum-besessenen Stücks wie »Boléro« von Ravel, dessen hypnotische Wirkung nicht nur von der elementaren Tatsache der rhythmischen Wiederholungen abhängt, sondern von dem viel größeren Raffinement, daß die stumpfe, schleichende Melodie so stark gegen den Trommelschlag kontrastiert.

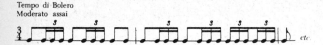

Was uns daran so gut gefällt, ist die Kombination der Trommelbegleitung, die als Takt funktioniert, mit der melodischen Linie in ihrem freien, rhythmischen Fluß.

Die Parallele zur Dichtkunst ist offensichtlich. Gewiß entstand Shakespeares Ruhm in der Rhythmik nicht dadurch, daß er in jambischen Pentametern mit fünf Pulsschlägen in jeder Linie schrieb. Bestünden seine Verse aus Rhythmus allein, dann würden seine großen Zeilen zu bloßen Knüttelversen herabgewürdigt, die nichts als Unsinn sagen:

Oh what/a rogue/and peas/ant slave/am I !/
Is it/not mon/strous that/this play/er here ...

Aber Sie verstehen es. Es heißt: »*Oh,* what a *rogue,*« und nicht »Oh, *what a rogue*«; das verlangt, daß man den ersten Jambus in einen Trochäus umwandelt.

Oh what/a rogue

So hat schon Shakespeare in sein Versmaß rhythmische Abwechslung gebracht und einen dummen, regelmäßigen Singsang in einen sinnvollen Satz mit freiem rhythmischem Fluß innerhalb des Versmaßes abgeändert, genauso wie die freifließende Boléro-Melodie in ihrem Versmaß gebunden ist.

Außerdem könnte kein Schauspieler die Silbe »rogue« in derselben Zeit wie die Silbe »peas-« aussprechen. »Rogue« ist eine große, majestätische Silbe, für die man Zeit braucht; »peas-« dagegen ist eine schnelle, leichte Silbe, auf die sofort »-ant« folgen muß, damit »peasant« entsteht. So ist es doch ganz klar, daß diese Zeile nicht mit regulärer Betonung, das heißt im strengen Versmaß, gelesen werden kann. Die Länge der Pulsschläge muß mit dem Sinn und den rhythmischen Schönheiten von Shakespeares Einfall abwechseln.

(L.B. rezitiert):

»OH what a ROGUE and peasant SLAVE am I!«

83

Natürlich gibt es auch dichterische Werke, die genaue Wiedergabe verlangen, weil sie zum Beispiel monoton wirken sollen:

>>BOOTS-BOOTS-BOOTS-BOOTS
MOVin'UP and DOWN aGAIN!«

Oder damit sie primitiv wirken:

>>THEN I SAW the CONgo
CREEPing THROUGH the BLACK
CUTting THROUGH the JUNgle
WITH a GOLden TRACK.
BOOMlay, BOOMlay, BOOMlay BOOM.«

Oder weil sie kindisch wirken sollen:

>>I have a little shadow that goes in and out with me
And what can be use of him is more than I can see.«

Doch in diesen Beispielen handelt es sich nicht wirklich um Fragen von Rhythmus, höchstens um seine elementarste Form, den Takt.

Aber Takt an sich ist eine ziemlich langweilige Angelegenheit. Das bloße Wissen, daß die soeben zitierten Verse im Drei- oder Viertakt, oder in was immer für einem Takt stehen, ist nicht gerade faszinierend. Dasselbe gilt von musikalischen Taktarten – 2/4, 6/8 oder »12/90« Takt. Das ist Technik. Aber sobald wir zu den weiteren Aspekten des Rhythmus vorgehen, wird die Sache faszinierend. Es ist nicht so sehr der Fuß dieses Schlagzeugers, über den wir etwas wissen wollen:

GROSSE TROMMEL:

Interessant ist das, was er oben mit seinen Händen macht:

84

RÜHRTROMMEL UND GROSSE TROMMEL:

Wenn Sie nun auch das rhythmische Schema des großen Trauermarsches aus der Beethoven-Symphonie »Eroica« nicht erkennen:

KLAVIER:

so sehen Sie doch, wie feierlich und gemessen diese gehaltenen kleinen Figurationen sind, die sogar den Schmerz ausdrücken:

Das rhythmische Motiv allein, wie Sie sehen – sogar ohne Melodienoten, ohne Harmonie oder ohne Orchestrierungsfarbe – nur gerade der rhythmische Entwurf kann an sich schon Ausdruck haben. Über demselben alten 4/4 Takt:

GROSSE TROMMEL:

kann es eine Unmenge rhythmischer Muster geben, wie zum Beispiel dieses:

WOODBLOCK (HOLZBLOCKTROMMEL) UND GROSSE TROMMEL:

Und hier der letzte Satz aus der »Italienischen Symphonie« von Mendelssohn – fröhlich, hüpfend, lebendig:

KLAVIER:

Als Kinder spielten wir oft ein Ratespiel, indem wir Rhythmen bekannter Melodien klopften, so wie jetzt. Versuchen Sie, das Thema mit der gleichen, darunter weitergehenden Taktart zu erkennen:

KLEINE UND GROSSE TROMMELN:

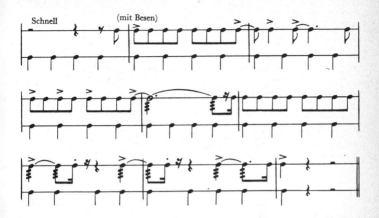

Sie brauchen diese Melodie aus Gershwins »An American in Paris« nicht zu kennen, um das Jazzmäßige und Hüpfende daran zu spüren.

KLAVIER:

Diese rhythmischen Motive haben an sich Jazz-Charakter; mit andern Worten, Rhythmus ist imstande, Ausdruck und sogar gefühlsmäßigen Inhalt zu vermitteln.

Nun wäre es wieder bloße Technik, diese rhythmischen Motive zu analysieren und Sie mit Begriffen von punktierten Noten, Zweiunddreißigstelnoten oder Triolen und so weiter vollzustopfen. Aber wir verstehen doch die breiteren Aspekte des Rhythmus, indem wir verfolgen, wie die Metren zu rhythmischen Phrasen anwachsen, wie diese Phrasen dann Perioden oder größere Abschnitte bilden, zum Beispiel achttaktige Abschnitte, dann Absätze und schließlich zu vollständigen Sätzen werden. Damit wir diesen Prozeß des rhythmischen Wachstums zu begreifen beginnen, müssen wir aber zuerst das allmächtige Prinzip der Duplizität, den Begriff der »Zweiheit« verstehen.

Vielleicht wird es Sie überraschen, aber beinahe die ganze Musik, die wir kennen, ist irgendwie auf dem Begriff der Duplizität aufgebaut.

ORCHESTER:

So bei Mozart. Und auch bei Beethoven:

und Brahms:

und Cole Porter:

und alle andern auch.

Warum brauchen wir anscheinend diese Duplizität so unbedingt? Die Antwort ist einfach. Denken Sie nur wieder an das menschliche Herz. Es schlägt nicht gerade nur 1, 1, 1, 1. Damit sich das Herz zusammenziehen und das Blut in die Arterien pumpen kann, muß es sich zuerst ausdehnen. So hat jeder Herzschlag zwei Phasen, Ausdehnung und Zusammenziehung. 1–2, 1–2. Dieses ist der bestimmende Puls des Lebens. Das physische Leben ist zweitaktig. Wir leben in einer Welt von auf und nieder, rückwärts und vorwärts, Tag und Nacht. Um auszuatmen, müssen wir zuerst einatmen; es gibt in diesem Prozeß keinen dritten Schritt und keine Zwischenfunktion. Es ist ein und aus, ein und aus, 1–2, 1–2.

Darauf beruht die Symmetrie unseres Körpers. Wir sind Geschöpfe von rechts und links, und in der Mitte schlägt unser Herz und pumpt pflichtgetreu seine Systolen und Diastolen, 1–2, 1–2, solange wir leben.

Und als zweibeinige Kreaturen, die wir sind, schreiten wir auch links–rechts, links rechts in die Kunst der Musik hinein. Deshalb ist die meiste Musik im Zweitakt, das heißt, sie hat für jeden Takt zwei Schläge, oder ein Vielfaches von zwei Schlägen für jeden Takt, wie vier, sechs oder acht. Aber die musikalische Duplizität ist keineswegs auf so etwas Einfaches

89

beschränkt wie auf zwei Schläge in einem Takt; in der Tat ist unser biologisches Bedürfnis nach der Duplizität so groß, daß sogar die Takte selbst danach streben, sich in Zweiergruppen zu teilen. Nehmen wir zum Beispiel das vorhin gezeigte Beethoven-Thema:

KLAVIER:

Es hat pro Takt zwei Schläge, richtig, aber wenn wir den ersten Takt allein spielen:

haben wir nur eine verkümmerte Notengruppe. Dieser Takt hat offensichtlich das Bedürfnis, mit einem ergänzenden zweiten Takt verbunden zu werden, um nur den einfachsten musikalischen Sinn zu erhalten:

Gut, wir haben bis jetzt zwei Takte, aber immer noch sind sie recht kümmerlich. Um zu einer einzigen Phrase zu gelangen – noch nicht einmal zu einem achttaktigen Satz, gerade nur zu einer Phrase –, brauchen wir noch ein Paar von Takten als Gegengewicht zu dem Paar, das wir bereits haben. Hier ist es:

Jetzt haben wir eine viertaktige Phrase aus zwei mal zwei Takten, aber musikalisch ist sie immer noch unvollständig:

Und wie ergänzen wir jetzt im musikalischen Sinn diese Phrase zu einem achttaktigen Satz? Indem wir einfach noch vier passende Takte dazuliefern, um den bereits vorhandenen vier Takten die Symmetrie zu verleihen:

Jetzt haben wir endlich eine vollständige Aufstellung von acht Takten, die aus zwei mal zwei mal zwei besteht.

Aber Beethoven hat noch mehr zu sagen, bevor er sich zufrieden gibt und überzeugt ist, er habe eine vollständige Melodie geschrieben; was er

jetzt natürlich macht, ist, daß er sein Achttakte-Thema mit neuen acht
Takten zusammentut, die das Thema ausgleichen und abrunden werden:

Hier ist nun das ganze Thema, jetzt 16 Takte lang – oder zwei mal zwei
mal zwei mal zwei. Wie Sie sehen, ist es ein einfacher geometrischer Verlauf, und alles ist zweifach, von der metrischen Grundeinheit hinauf bis
zur vollendeten Melodie. Die gesamte Geschichte der Musik kann tatsächlich als eine Entwicklung dualistischen Denkens angesehen werden.

An dieser Stelle bin ich sicher, daß es Sie juckt, meine Aufmerksamkeit
auf meine offenkundige Nichtbeachtung jenes anderen, äußerst wichtigen
rhythmischen Begriffs zu lenken, des Begriffs der »Drei«. Gibt es denn
nicht ebensoviele Dreivierteltakte wie Zweivierteltakte in der Musik?
Was ist's mit den Walzern, Mazurkas, Boléros? Mit der »Eroica«, den

Mozart-Menuetten, den Beethoven-Scherzos? Mit der Unvollendeten Symphonie von Schubert?

Und mit noch tausend anderen?

Gut, sehen wir uns einmal die »Dreiheit« an. Natürlich ist es richtig, daß es viel Musik im Dreitakt gibt. Man könnte sogar sagen, daß der Dreierbegriff in der Musik beinahe ebenso grundlegend ist wie der Zweierbegriff. Doch beachten Sie, daß ich sage »beinahe«; denn die Drei, wie sie der Musik zu Grunde liegt, ist in unserer biologischen Natur nicht begründet. Sie ist in ihrer Funktion nicht physisch. Das Herz schlägt nun einmal – im Gegensatz zur Wiener Propaganda – nicht im Dreivierteltakt. Versuchen Sie sich vorzustellen, wie das Leben wäre, wenn wir dreiteilig anstatt zweiteilig konstituiert wären. Stellen Sie sich beim Atmen drei Schritte vor: einatmen, dann seitlich in eine andere Lunge atmen, dann ausatmen. Eisenbahnschienen, die im Dreieck anstatt vor- und rückwärts laufen. Den Kompaß mit drei anstatt vier Polen und Menschen, die ihn mit drei Augen sehen. Der Geist verwirrt sich. Wir sind zweifach geformt; vielleicht ist das ein Teil unserer Endlichkeit. Wenn wir sie durchbrechen könnten, würden wir vielleicht die Weltprobleme, die uns quälen, zu verstehen beginnen. Aber der Wert der Dreiheit liegt, zumindest in der Musik, genau im Gegensatz zur Zweiheit. Sie ist die erste und edelste Ausnahme unseres natürlichen, primitiven Instinkts des Links-Rechts-Gefühls. Drei ist eine erfundene Zahl; eine intellektuelle Zahl und primär ein unphysischer Begriff. Vielleicht war deshalb »drei« für den Menschen immer ein so mystisches Symbol, wie die Heilige Dreifaltigkeit.

Jetzt haben wir den kritischen Punkt in unserem Verständnis für Rhythmus erreicht. Da wir untersucht haben, was Puls ist und wie daraus ein Zwei- oder Dreitakt entsteht, sind wir jetzt im Besitz des Schlüssels zu allen Rhythmen, die wir vor uns haben, wie viele es auch sein mögen und wie kompliziert sie vielleicht auch werden könnten. Denn alle unsere rhythmischen Betrachtungen gehen von jetzt an in der einen oder andern Weise aus der Wechselwirkung der physischen »Zwei« und der intellektuellen »Drei« hervor: entweder 2 plus 3, oder 2 mal 3, oder 2 gegen 3, oder was immer dieser Art. Genau wie in der Arithmetik alle Zahlen, mit Ausnahme von 1, auf die Grundelemente 2 und 3 zurückgeführt werden können: vier ist 2 plus 2; fünf ist 2 plus 3; sechs ist 2 mal 3; sieben ist 2 plus 2 plus 3; und so weiter ins Unendliche.

Auf dieselbe Art läßt sich jede Musik auf irgendeine Kombination von Zweiheit oder Dreiheit zurückführen. Nehmen wir zum Beispiel den uns bekanntesten Dreitakt, den Walzer:

KLAVIER:

1-2-3, 1-2-3, wieder und wieder. Das ist die Grundeinheit des Walzers. Aber es gibt tatsächlich selten einen Walzer, dessen dreiteilige Einheiten nicht in zweiteilige Gruppen eingeteilt sind. Hier ist zum Beispiel ein Takt aus einem Strauß-Walzer:

       und hier sein Partner:

Jeder Takt allein ist sinnlos, aber zusammen machen sie, wie man sagt, schöne Musik:

94

Sehen Sie? 2 mal 3. Wieder Verdoppelung. Und dieser Walzer besteht sogar aus den gleichen doppelten Multiplikationen, die wir in Beethovens Neunter Symphonie gesehen haben. Das erste Paar von Takten wird von einem zweiten Paar ergänzt.

Dann wird die ganze Vierergruppe wieder von einer zweiten Vierergruppe vervollständigt:

Und so geht es weiter bis zum Ende des Stückes. Warum sollte das so sein? Warum stellt sich heraus, daß ein Walzer, dessen größter Anspruch auf Ruhm es ist, im Dreivierteltakt zu stehen, genauso ein Sklave der Zweierform ist wie alles andere? Einfach, weil ein Walzer ein Tanz ist und ein Tanz auf zwei Beinen ausgeführt wird. Es heißt nicht 1–2–3, 1–2–3, 1–2–3 ad infinitum, sondern es heißt: links–2–3, rechts–2–3, links–2–3, rechts–2–3. Sie sehen, es ist schließlich wieder links–rechts. Der Takt mag ein Dreitakt sein, aber im weiteren rhythmischen Sinn ist ein Walzer genauso zweitaktig wie ein Marsch.

In der großen Masse des westlichen Musikmaterials, wie wir es bis zu unserem Jahrhundert kennen, geraten Dreiereinheiten tatsächlich immer unter unsern biologischen Zwang der Zweiheit. Sehen Sie sich den bekannten »Walkürenritt« von Wagner an. Darin ist ein Teil, der auf den ersten Blick so aussieht, als sei er aus dem Gefängnis der Zweiheit ausgebrochen, da jeder Takt neun Schläge enthält, was 3 mal 3 bedeutet. Keine Spur von 2. Mit andern Worten, die Dreiereinheit des Walzers ist nicht verdoppelt wie bei Strauß, sondern verdreifacht:

ORCHESTER:

Aber sogar hier finden wir, nachdem wir das Dreimal-drei einmal als Grundeinheit akzeptiert haben, so sicher und klar wie im Straußwalzer, daß Wagner damit fortsetzt, jeden Neunachteltakt mit einem zweiten Neunachteltakt auszubalancieren und damit sofort wieder die biologische Ordnung und Symmetrie herstellt. Nachdem er einmal gesagt hat:

muß er darauf antworten:

Und er setzt fort, indem er diese beiden Takte mit zwei andern Takten in absoluter Symmetrie ausbalanciert.

Dann werden diese vier Takte wieder mit vier Takten aufgewogen, und so geht es weiter gemäß der guten alten Formel des Vielfachen von zwei.

96

Die ganze Musik, die wir bis jetzt gehört haben, ob Zwei- oder Dreitakt, hat einen großen gemeinsamen Faktor: die Symmetrie, diese genaue Balance, die aus der physischen Zweierform des menschlichen Wesens stammt. Diese Zweierform erweckt in uns ein biologisches Bedürfnis, was dann zu einem ästhetischen Verlangen wird. Deshalb ist soviel von der Musik, die wir kennen und lieben, zu Schlägen, die sich zweifach und symmetrisch zu Takten verbinden, komponiert, und aus Takten, die sich symmetrisch zu größeren Abschnitten zusammenfügen, bis daraus schließlich ein vollständiger symmetrischer Satz wird. Es liegt etwas so Behagliches und Standhaftes in diesem dem Menschen so angepaßten Vorgehen, daß es wahrlich zum Rückgrat der westlichen Musik bis in unser Jahrhundert hinein geworden ist. Unser Jahrhundert, das ist freilich eine ganz andere Sache; wir werden ein wenig später darauf zurückkommen.

Im Augenblick aber wollen wir ein schönes Stück »Super-Symmetrie« aus dem 19. Jahrhundert betrachten, das Finale der Symphonie in d-Moll von César Franck. Das ist ein erregender Satz, aber er ist gleichzeitig äußerst stabil, beinahe behaglich bis zu einem Grad wohlgenährter Selbstzufriedenheit. Und die Wurzel dieser behaglichen Zufriedenheit liegt in seiner durchaus symmetrischen Form. Was immer auch einmal geschieht, muß sofort ein zweites Mal geschehen; was wir links erleben, muß von einem gleichen, passenden Erlebnis zur Rechten ergänzt werden. Hören Sie nur das weltberühmte Thema aus diesem Satz. Eine zweitaktige Phrase und natürlich im Zweitakt:

ORCHESTER:

Jetzt kommen die beiden ausgleichenden Takte mit einer kleinen melodischen Variation:

97

Jetzt wieder vier Takte zum Ausgleich von denen, die wir bereits haben:

Und dann nochmals alle acht Takte in einer höheren Tonart:

Völlige Symmetrie, Gemütsruhe, Wohlbefinden – dieselbe Beständigkeit, die man bei der spätviktorianischen Malerei und Architektur empfindet, was man vielleicht als Spiegelbild der ökonomischen Sicherheit und des allgemeinen Gefühls von Vertrauen, beides für jene Periode so typisch, auffassen kann. Jedenfalls ein herausfordernder Gedanke, an den Sie sich vielleicht erinnern mögen, wenn Sie je diese mächtige Hymne an die Symmetrie, das Finale der Symphonie von César Franck wieder zu hören bekommen.

(Das Orchester spielt als Abschluß des ersten Programmteils den ganzen letzten Satz der Symphonie. Der zweite Teil beginnt mit dem Spiel des Orchesters. S. umstehende Partiturseite.)

Was ist geschehen? Etwas Tolles hat sich in unserem Jahrhundert ereignet – eine rhythmische Revolution, angeführt vom unerhörten Strawinsky, der in seinem mächtigen Denkmal für den Rhythmus, »Le Sacre du Printemps«, Kräfte entfesselte, welche die bequeme Symmetrie der vergangenen Jahre beinahe vernichteten. Wieso war Strawinsky in den wenigen Jahrzehnten, die ihn von César Franck trennten, zu Rhythmen von solch spitziger Schärfe und Unregelmäßigkeit gelangt? Sehen wir nach, ob wir den Spuren dieser Entwicklung folgen können. Es ist schon wahr, daß auch in der großen Musik der Vergangenheit ungleiche Metren und ungleiche rhythmische Muster zu finden sind. Der einzige Unterschied besteht darin, daß man solche asymmetrischen Stellen im 18. und

19. Jahrhundert beachtet, gerade weil sie eben die Ausnahme bilden. Sie stellen Momente angeregter Frische oder, wenn man will, von Wut im Geiste der Komponisten dar, für welche die Symmetrie immer die normale Sachlage bedeutete, während heutzutage die Asymmetrie beinahe zur Norm wurde.

Brahms, zum Beispiel, dachte nie daran, eine gute fünftaktige Phrase, wenn sie ihm gerade einfiel, abzulehnen, und fünf ist gewiß keine symmetrische Zahl. Hier sind die grundlegenden metrischen Zutaten, zwei und drei, nebeneinandergestellt, um fünf zu ergeben, was eine neue Art von Trick ist. Kennen Sie das schöne Thema im dritten Satz der Ersten Symphonie, das geradewegs mit einer Fünf-Takt-Phrase beginnt?

ORCHESTER:

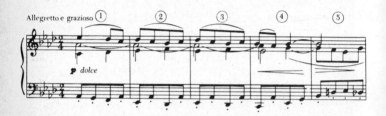

Wirklich ungewöhnlich und sehr hübsch. Aber beachten Sie auch, daß sogar diese Melodie am Schluß symmetrisch wird, weil Brahms sein Wagnis, eine Fünf-Takt-Phrase zu benützen, damit sühnt, daß er sofort eine ergänzende Fünf-Takt-Phrase im gleichen Rhythmus liefert und somit die gute, alte zweifache Balance wiederherstellt:

100

Brahms konnte sich also doch nicht von der biologischen Notwendigkeit des »Links-Rechts« entfernen; seine symmetrische Seele durfte nicht erschüttert werden.

Auch Tschaikowsky können wir in seiner Sechsten Symphonie mit der Asymmetrie experimentieren sehen. Erinnern Sie sich an den berühmten zweiten Satz, eine Art dreifüßigen Walzer im Fünfvierteltakt?

ORCHESTER:

Das ist tatsächlich ein neuer Trick: fünf Schläge pro Takt. 12345, 12345. Oder, wenn Sie wollen, 12,123 – 12, 123; wieder diese asymmetrische Nebeneinanderstellung von 2 und 3. Aber Tschaikowsky steckt auch in seinem Jahrhundert. Seine Musik bleibt immer noch an die alten Zweier-Konventionen gebunden, die verlangen, daß jeder fünfschlägige Takt, mag er an sich auch unregelmäßig sein, von einem zweiten identischen fünfschlägigen Takt symmetrisch ausbalanciert werden muß. Und diese Konvention hält bis zum Ende des Satzes durch in strengem Einklang mit der altehrwürdigen Formel von Paaren von Paaren und davon wieder Paaren. Was noch wichtiger ist, die Struktur innerhalb des fünfschlägigen Taktes verändert sich nie: es sind immer 2 plus 3 und niemals 3 plus 2.

Sobald wir unserer eigenen Zeit näherkommen – zum Beispiel im »Feuervogel« von Strawinsky – machen wir noch einen Schritt vorwärts zur Asymmetrie: wir finden einen Siebenvierteltakt, der sich aus 3 plus 2 plus 2 zusammensetzt:

ORCHESTER:

der ergänzt wird durch einen zweiten Siebenvierteltakt, der aber anders konstruiert ist, nämlich 2 plus 2 plus 3:

Jetzt nähern wir uns der modernen Musik. An dieser Stelle haben wir metrische Kombinationen von 2 und 3 vor uns, welche die Phantasie von Brahms oder Tschaikowsky erschüttert hätten, und doch sind sie so einfach wie nur möglich im Vergleich zu dem, was noch kommen soll. Schließlich bilden diese beiden Takte von Strawinsky doch ein ausgewogenes, wenn auch unsymmetrisches Paar; und darüber hinaus ist es ein *Paar* von Takten, das weiter von einer genauen Verdopplung ausbalanciert wird, genauso wie in der altmodischen Musik. So tönen diese beiden Taktpaare zusammen:

Spüren Sie die Symmetrie? Noch sind wir in ihrer Gewalt, wenn es sicherlich auch ein langer Weg von César Franck bis hierher war. Wir haben jetzt Takte von sieben und fünf Vierteln, alle Arten von Kombinationen von 2 und 3, aber sie behalten noch eine Art von Regelmäßigkeit. Wenn eine Strecke Musik in sieben Schlägen beginnt, bleibt sie in sieben sowie in einer gewissen Balance von zwei. Aber der nächste Schritt zerschmettert schließlich die gesamte Konvention, da die moderne Musik in Erscheinung tritt, in welcher das Metrum tatsächlich von Takt zu Takt wechselt; von sechs Schlägen in einem Takt (3+3) zu fünf (2+3) zu sieben (2+2+3) und so fort. Wie diese Passage aus Aaron Coplands interessantem Werk »El Salón México«:

Das ist der Rhythmus des 20. Jahrhunderts. Der große neue Reiz dieser Musik besteht in ihren ständig überraschenden Rhythmen. Man weiß nie, was als nächstes kommt. Man kann nicht mit dem Fuß den Takt dazu klopfen, regelmäßig, sicher und bequem, weil man weiß, daß der nächste Takt, genau dort, wo man ihn erwartet, zur Zeit kommt, oder daß sich alles freundlich in ausgewogene Zweiheiten vervielfältigen wird. O nein. Probieren Sie es nur, zu dieser Passage aus demselben Stück von Copland mit dem Fuß den Takt zu klopfen:

Sie können sich den Knöchel brechen, wenn Sie versuchen, zu dem da
den Takt zu halten. Aber gerade das macht diese Musik so reizvoll; sie besitzt eine völlig neue Art rhythmischer Lebendigkeit. Aber wohin führt
uns das alles? Ist die moderne Musik einfach verrückt geworden und hat
das gute, alte, normale Metrum für immer aufgegeben? Nein, aber ich
glaube, wir wurden in der Vergangenheit doch viel zu sehr von der Symmetrie abhängig und verwechselten sogar manchmal symmetrische Ausgewogenheit mit Schönheit. Warum sollten wir für immer die Sklaven
unserer Zweibeinigkeit bleiben? Schönheit ist nicht gleichbedeutend mit
Symmetrie; wohl bedeutet sie Ausgewogenheit, aber diese muß nicht unbedingt symmetrisch sein. (Und das gilt für die Musik von Bach, Mozart
oder Beethoven genauso wie für die von Copland.) »El Salón México« ist
ein auffallendes Beispiel für die Verwendungsmöglichkeiten von Rhythmen, wie man sie heute bei einem amerikanischen Komponisten findet,
der sowohl mit Jazz als auch mit Strawinsky und Brahms aufgezogen wurde. Diese Musik ist auch für unsere Zwecke ein ausgezeichnetes Beispiel,
weil sie so umfassend ist. Weit entfernt davon, ausschließlich in unregelmäßigen Taktarten und unsymmetrischen rhythmischen Mustern konstruiert zu sein, wandert sie durch die ganze Welt der Rhythmen vom einfachsten bis zum kompliziertesten Element; sie beginnt mit einem einfachen Zweierrhythmus:

und einem Dreierrhythmus, irgendwie walzerartig:

Dann geht die Musik weiter durch alle möglichen Kombinationen von zwei und drei, wie auch 2 gegen 3 gleichzeitig:

oder 2 abwechselnd mit 3

oder 3 und 2 zu regelmäßigen Rhythmen verbunden:

Das ist, wie Sie sehen, ein reiner Rumba; und schließlich geht der Komponist zu Kombinationen von 2 und 3 in unregelmäßigen Folgen über, und dies geschieht, wenn das Stück für unsere Zeit wirklich charakteristisch wird.

Das ist moderne Musik, moderner Rhythmus. Wir sind einen langen Weg gegangen seit diesem einfachen pulsierenden Herzschlag, mit dem wir begonnen haben. Puls wurde zu Takt, und Takt wurde zu Rhythmus mit all seinen sensationellen Permutationen. Und dieses Stück »El Salón México« ist mehr als eine bloße Aufstellung von Permutationen; es ist ein Meisterwerk von rhythmischem Erfindungsgeist und ein köstliches Stück »Americana«.

(Das Programm endete mit der Aufführung des Werks von Copland.)

Nachschrift: Natürlich gehen jetzt die rhythmischen Neuerungen weit über die komplexen Bildungen, die Copland oder Strawinsky benützten, hinaus. In den letzten zehn bis zwanzig Jahren konnte man in der Avantgarde-Musik ein merkwürdiges Phänomen beobachten – die Multiplikation von rhythmischen Verflechtungen bis zu dem Punkt, welcher die

Wirkung der Rhythmuslosigkeit erzeugt. Wenn schließlich viele verschiedene rhythmische Motive zu gleicher Zeit oder in nächster Nähe ertönen, tendieren sie dazu, einander gegenseitig aufzuheben (besonders wenn der Schlag fehlt) und schaffen damit die »statische« Qualität, die für viele zeitgenössische Musik typisch ist. An diesem Punkt müssen wir uns vom Rhythmus, wie wir ihn in diesem Programm kennengelernt haben, verabschieden, genauso wie die zeitgenössische Musik die Tonalität verlassen hat.

L. B. 1966

Romantik in der Musik

(Das Programm beginnt mit Leonard Bernstein am Klavier, der folgende Musik spielt:)

L. B. SPRICHT, WÄHREND ER SPIELT, ÜBER DIESE MUSIK:

Romantische Musik. Jeder von uns weiß ohne den geringsten Anhaltspunkt, daß dies romantische Musik ist. Wir brauchen keine silbernen Leuchter auf dem Flügel, um darauf hinzuweisen; wir brauchen das Stück nicht einmal zu kennen oder zu wissen, von wem es geschrieben ist. Doch wir wissen, daß es von einem Komponisten der romantischen Epoche stammt. Woher wissen wir das? Weil es eine warme, melodische Komposition ist? So komponierte auch Mozart. Weil es in uns verliebte Sehnsüchte erweckt? Das tut auch Debussy. Weil es stimmungsvoll ist? Das ist Bach auch. Weil das Stück Atmosphäre hat? Diese können wir auch bei Palestrina finden. Leidenschaftlich? Auch Schönberg ist leidenschaftlich. Weil es in uns Bilder von Palmen, die sich sanft im Mondlicht wiegen, oder irgendeine andere ähnliche Vorstellung erweckt? Das könnte auch ein Stück von Cole Porter. *(L.B. hört zu spielen auf.)*

Nein; dieses Nocturne von Chopin, das ich spielte, ist ein romantisches Musikstück aus besonderen musikalischen Gründen.

Ich nehme an, daß Sie vielleicht sagen, jede Musik habe etwas Romantisches an sich, in dem Sinn, daß jede Kunst, und Musik besonders, eine romantische Seite im Leben des Menschen anspricht; aber das wäre eine allzu billige Verallgemeinerung. Nicht ein einziger der von mir soeben genannten Komponisten könnte als Romantiker mit großem »R« bezeichnet werden. Palestrina zum Beispiel ist ein Komponist der Renaissance:

CHOR: *OFFERTORIUM: LAETAMINI IN DOMINO*

Bach ist ein Barock-Komponist:

INVENTION VIII

Mozart ist ein klassischer Komponist:

KLAVICHORD:

SONATE (K.V. 331)

Debussy ist ein Impressionist:

HARFE:

L'APRÈS-MIDI D'UN FAUNE

Schönberg ist ein Expressionist:
KLAVIER:

KLAVIERSTÜCK, Op. 33a

Aber Chopin war ein Romantiker. Das Nocturne, das ich von ihm spielte, wurzelt tief im heißen Boden der großgeschriebenen Romantik, einer bestimmbaren, historischen Bewegung, die bewußt, gewollt und organisiert in der ersten Hälfte des 19.Jahrhunderts in Europa wie ein Fieber um sich griff. Was für ein Fieber war das? Es war ein Freiheitsfieber, eine große Epidemie, in Lauf gebracht von den kürzlichen Revolutionen in Amerika und in Frankreich, und genährt von einem Napoleonischen Zeitalter, von einer nationalistischen Aufwallung, von einer wirtschaftlichen Umwälzung und vom Auftauchen der Mittelklassen. Und über allem wehte das Banner: Freiheit für das Individuum. Unter diesem Banner öffnete sich das 19.Jahrhundert dem Klang von Stimmen wie Goethe, Schiller, Beethoven und dann Byron, Keats, Shelley, Puschkin, Victor Hugo, Lamartine – alle nach Freiheit rufend, nach der Verherrlichung des persönlichen Geistes und der Befreiung von Formalität und Stilisierung.

Es schien nur ein Augenblick, in dem beinahe gleichzeitig mit der Jahrhundertwende sich alles verändert hatte. Nicht mehr dieses Bild:

111

Statt dessen ein freier, himmelwärts gerichteter Sprung, der die göttliche Natur des freien Menschen verkündet.

Die Maler brauchten uns die menschlichen Wesen nicht mehr als hübsche Puppen, wie Fragonard sie aristokratisch idealisierte, zu zeigen, sondern man sah statt dessen sehr realistische, oft sogar häßliche Darstellungen – wie zum Beispiel von Goya. Darin kommt nicht nur die Eigenheit des Modells zum Ausdruck, sondern auch die persönliche, subjektive Vorstellung des Künstlers, zum Beispiel seine eigene Vision von einem Trinker oder von einem Vielfraß oder von einem männlichen Flittchen. Der Schwerpunkt liegt jetzt auf dem Künstler und nicht auf dem Objekt. So ist es, wie ich, der Maler, das Leben sehe; wie ich, der Dichter, den Tod meines Freundes empfinde; ich, Edgar Allan Poe, zeige ohne Hemmung und ohne Scham meinen Kummer:

> Ah, dream too bright to last!
> Ah, starry Hope! that didst arise
> But to be overcast!
> A voice from out of the Future cries,
> »On! On!« – but o'er the Past
> (Dim gulf!) my spirit hovering lies
> Mute, motionless, aghast!
> For, alas! alas! with me
> The light of Life is o'er!
> No more – no more – no more –

Vergleichen Sie jetzt als Gegensatz zu diesem romantischen »Auf die Brust schlagen« die Trauer Miltons über den Tod seines Freundes mit oh, so klassischer Zurückhaltung:

> Bitter constraint, and sad occasion dear,
> Compels me to disturb your season due:
> For Lycidas is dead, dead ere his prime
> Young Lycidas, and has not left his peer.

All diese Formalität ist jetzt verschwunden. Der Romantiker sagt: »Meine eigene Art, mich zu äußern, ist wichtig, nicht eine mir auferlegte Art und Weise, die vom königlichen Hof, von der Kirche, von einer Klassenschicht oder von der allgemeinen Gewohnheit diktiert wird. Die Welt ändert sich, und ich, der Künstler ändere mich mit ihr.« Wenn wir zum Beispiel ins späte 17. Jahrhundert zurückgehen, sehen wir Purcells Heldin Dido in Todesqualen zu einer strengen »Passacaglia«, einer der ganz klassischen musikalischen Formen, sterben – gesetzt, höfisch und äußerst sachlich:

Eine Altstimme singt mit Orchester: »Didos Klage«:

Es ist sehr schöne und ergreifende Musik, aber es ist nicht romantische Musik. Vergleichen Sie nur mit Wagners Heldin Isolde, die zweihundert Jahre später stirbt, aber in einem übernatürlichen Delirium, aller irdischen Formen, einschließlich der Passacaglias, enthoben und von ihnen befreit.

Es gibt nur sehr wenige große Wagner-Sängerinnen, welche die Isolde singen können. Der Grund dafür liegt in Wagners Ansprüchen an die menschliche Stimme. »Es ist mir gleich, ob es unbequem oder sogar unmöglich zu singen ist«, sagt der Komponist, »so möchte ich es haben.« Romantik mit großem »I«: *Ich*, der Künstler. So hatte sich jetzt der Ausführende den Maßlosigkeiten des Schöpfers anzupassen, und als Folge gingen daraus hervor: das Phänomen der göttlichen Schauspielerin, die verherrlichte Primadonna, die gefeierte Ballerina, der große Dirigent und vor allem der Instrumental-Virtuose: Chopin, bei dessen Konzerten erwachsene Männer zu Tränen gerührt waren; Liszt, bei dessen Klavierspiel die Damen in Ohnmacht fielen; und Paganini, der Werke von unerhörter Schwierigkeit – einschließlich seiner eigenen – mit solcher Brillanz und Leichtigkeit spielte, daß man von ihm sagte, er habe seine Seele dem Teufel verschrieben, ja er sei vielleicht der Teufel in Person. Und natürlich gibt es auch die Opern-Diva:

Ein Sopran singt mit Orchester den »Liebestod« *aus* »Tristan und Isolde«:

115

Jetzt haben wir schon einen Begriff vom leidenschaftlichen Geist der romantischen Epoche. Dieser fanatische neue Kult der Persönlichkeit, in welchem der Künstler als Priester und Prophet sein Opfer auf dem hohen Altar der Menschlichkeit darbrachte, bekam beinahe die Bedeutung einer neuen Religion. So sagte Puschkin in seinem berühmten Gedicht an den Dichter: »Ein König bist du!« Du, der Künstler, bist der wirkliche Herrscher, kraft deiner göttlichen Phantasie. Es gibt keine größere Macht auf Erden.

Aber nun wollen wir herausfinden, auf welche Art die Musiktechnik von dieser neuen Welle berührt wurde. Sicher haben Sie schon erfaßt, daß das Wesen der ganzen Bewegung »Freiheit« heißt, persönliche Freiheit, die wir für unsere Zwecke in vier Freiheiten (um eine berühmte Redensart zu entlehnen), in vier musikalische Freiheiten einteilen können, welche das Glaubensbekenntnis des romantischen Komponisten waren.

Die erste ist die Freiheit der Tonalität. Ich setze hoffnungsvoll voraus, daß Sie wissen, was Tonalität ist, dieser Begriff einer Wurzel oder eines

Zentrums oder einer Grundlage, der auf einem der zwölf verschiedenen Töne beruht, aus denen unsere westliche Musik besteht, und mit dem alle die andern elf Töne in Verbindung stehen und von dem sie abhängig sind. Wenn zum Beispiel dieser Grundton, oder die Tonika, F ist:

L.B. am Klavier:

dann steigt von diesem F eine Skala von sechs andern Tönen auf, die zur F-Dur-Tonart gehören:

Und wir landen wieder bei F:

Dies nennt man die diatonische Skala; und solange wir beim Musizieren nur die sieben Noten dieser Skala benützen, haben wir diatonische Musik in F-Dur vor uns.

Was geschieht aber nun mit den andern fünf Noten, wie mit diesem H?

 oder mit diesem Fis?

mit diesen Noten, die gar nicht zur F-Dur-Tonart gehören? Sollen sie von jeglicher Musik in dieser Tonart ausgeschlossen werden? Ja, hier beginnt der Gedanke an Freiheit. Sehen Sie, die Tyrannei der klassischen Zeiten stellte ein großes System von Gesetzen bezüglich dieser Dissonanzen, dieser F-fremden Töne, auf, Gesetze, die für ihre Benützung wirklich eine sehr vorsichtige Behandlung vorschrieben – wie bei fremdländischen und aufrührerischen Taten. Dieses System erhielt das 19. Jahrhundert als Erbe – die Stetigkeit eines festen tonalen Systems. Es war bequem, sicher und formalistisch wie die Malerei von Fragonard. Doch da kommt die Revolution der Romantik, da kommt der neue, persönliche Künstler und ruft: »Ich! Ich! Ich!«, und die alte tonale Diktatur beginnt zu wanken.

Von Beethoven im Jahre 1800 an bis zu Mahler im Jahre 1900 ist das ganze 19. Jahrhundert eine einzige Aufzeichnung des Kampfes um die Befreiung dieser armen F-Dur-fremden Töne von ihrer gesetzmäßigen Tyrannei. Musikalisch ausgedrückt, sagen wir, die Musik wurde mehr und mehr chromatisch; das heißt, man begann, die kleineren Intervalle zwischen den Noten einer diatonischen Skala:

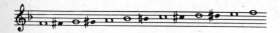

öfter und freier als eigenen Ausdruck zu gebrauchen. Das Wort »chromatisch« legt uns ein Gleichnis nahe; es ist, als ob die Farbenpalette vom Anfang bis zum Ende des F-Spektrums durch Hinzufügen dieser inneren Schattierungen zu einer chromatischen Skala von zwölf Noten bereichert worden wäre. Wenn man aber nur die Noten der diatonischen Skala benützt, ist es, als arbeite man mit den Grundfarben allein:

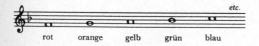

rot   orange   gelb   grün   blau

Benützt man frei auch die Halbtöne:

rot   chinesisch-rot orange   aprikose   gelb   grün   türkis   blau

dann erhält man eine viel reichere Palette. Die chromatische Skala natürlich ist es, die im »Hummelflug« von Rimskij Korsakov die Hummel zum Fliegen bringt.

118

Schnell

etc.

Und bedenken Sie, wie diese neue Freiheit die alten klassischen Harmonien verändert! Auf einmal haben wir ganz neue Akkorde:

– reich, üppig, eben das, was wir jetzt »romantisch« nennen. Verstehen Sie, was mit der alten Tonalität geschieht? Sie bekommt einen neuen romantischen Doppelsinn, eine neue Feinheit. Nehmen wir als Beispiel diesen vollkommen klassischen Akkord:

Wohin muß er Ihrem Gefühl nach führen?

Dahin natürlich:

Aber nicht unbedingt. Er kann statt dessen auch dahin führen:

Mit andern Worten, der ursprünglich klassische Akkord wurde jetzt zweideutig. Wenn Ihnen nun der Doppelsinn in der Musik unangenehm auffällt, dann sind Sie in Ihrem Herzen einfach nicht romantisch. Zweideutigkeit heißt hier: undefinierbares Verhalten, Geheimnis, sich verlagernde Kräfte – alles was die romantischen Komponisten natürlich faszinierte. Und wenn Sie solche sich verlagernden Kräfte suchen, tun Sie es am besten in einer Melodie des fieberhaften Erz-Romantikers Berlioz. Diese Melodie aus der dramatischen Symphonie »Romeo et Juliette« malt eine stimmungsvolle Nachtszene mit Romeo allein im Garten der Capulets:

In den ersten vier Phrasen umfaßt diese Melodie, welche ganz bequem in F-Dur steht, ungefähr sechzig Noten, von denen etwa zwanzig (mit »x« bezeichnete) nicht zur F-Dur-Skala gehören. Stellen Sie sich vor, zwanzig fremde, dissonante nicht-F-Dur-Töne in einer Sechzignoten-Melodie. Eins zu drei. In einer typisch klassischen Melodie hingegen, wie in dieser aus dem zweiten Satz der Jupiter-Symphonie von Mozart, ist das Verhältnis wahrscheinlich eins zu zwölf zugunsten der F-Dur-Skala:

120

Also benützt Berlioz viermal soviel chromatische Töne als Mozart!

Aber gerade diese Häufung chromatischer Töne verleiht der »Romeo«-Melodie ihren geheimnisvollen Doppelsinn und färbt sie mit romantischer Sehnsucht. Sie malt ein vollendetes Bild des sinnenfrohen, aber untröstlichen Romeo. Romantische Musik – romantisch, nicht weil sie an verschlafene Lagunen erinnert, sondern weil sie in einer persönlichen Sprache zu uns spricht: »Ich, Hector Berlioz, sage dieses!« Und das ist nicht alles, was er sagte. Alle diese tonalen Freiheiten und Doppelsinnigkeiten entsprechen ähnlichen Abenteuern auf dem Gebiete des Rhythmus. So wurde die zweite »Freiheit« entwickelt – Freiheit vom Rhythmus. Dieses mächtige musikalische Element hatte auch Jahrhunderte lang strengen Gesetzesvorschriften standgehalten. Aber da kommt Beethoven – wie überall so auch in der Romantik der erste –, und dann Berlioz, und dann Schumann, und dann Chopin, und der Rhythmus beginnt ebenfalls zu wanken. Der Komponist war nicht mehr nur einem Rhythmus oder nur einem Tempo in einem einzelnen Satz unterworfen; er konnte beides nach seinem Willen wechseln, so oft er wollte.

Er beginnt nun Synkopen zu verwenden, so normal wie er atmet; er entwickelt das »Rubato«, eine freie Behandlung des rhythmischen Flusses; und er spielt »Hob« (ein Würfelspiel) mit klassischen Symmetrien. Aber der merkwürdigste Aspekt der neuen Rhythmus-Freiheit in der romantischen Musik ist vielleicht das unerwartete Auftauchen von Gegenrhythmen, das heißt, daß zwei verschiedene Rhythmen gleichzeitig zusammengehen, als ob an einem Sonntagmorgen eine Musikkapelle an einer Kirche vorbeimarschierte und in einem bestimmten Moment sich der Orgelchoral mit dem Militärmarsch zu einem einzigen, ziemlich komplizierten Musikstück vermengte. Unser »verrücktes Genie« Berlioz, der alle rhythmischen Freiheiten im Übermaß verwertete, hatte diese Art besonders gern; er benützte sie auch tatsächlich in demselben Satz seiner »Romeo«-Symphonie, über die wir eben gesprochen haben. Jetzt ist es die große »Ballszene« bei Capulet:

Mitten in diesem wirbelnden Fest, im Zweitakt, erspäht Romeo die Julia, und sein Herz singt ihr zu – im Dreitakt:

Jetzt bringt Berlioz tatsächlich diese beiden Rhythmen, den Zweier- und den Dreier-Rhythmus, gleichzeitig zusammen, und die Wirkung ist zauberhaft:

etc.

Fürwahr, man spürt durch die tonale sowie rhythmische Freiheit in dieser erstaunlich originellen Symphonie den neuen, geheimnisvollen Reichtum, die erhöhte Spannung und Feinheit, die aus diesen neuen Freiheiten geboren wurden.

(Das Orchester spielt den Satz: »Grande Fête chez Capulet«)

In diesem Satz herrscht im musikalischen Stoff und in den Stimmungen ein ständiger Wechsel. Ja, da wäre genügend Material für vier ganze, verschiedene Sätze einer klassischen Symphonie vorhanden. Offensichtlich stehen wir jetzt noch einer dritten romantischen Freiheit gegenüber – der Freiheit der Form und des tatsächlichen Aufbaus einer Symphonie.

Was war das überhaupt, eine klassische Symphonie? Ein Werk, das gewöhnlich aus vier einzelnen Sätzen bestand, jeder in eine Sonaten- Rondo- Lied- Scherzo- oder sonst eine Form gegossen. Aber dieser Berlioz-Satz ist in keine dieser Formen gezwängt. Er folgt keiner formellen Disziplin, ausgenommen dem Zug seiner Erzählung. Was für eine Art von Form ist das? Nur ein Wort kann sie beschreiben: »dramatisch«. Es ist kein bloßer Zufall, daß der Komponist diese »Romeo-Musik« eine »Dramatische Symphonie« nannte, denn seine hauptsächlichen Anliegen sind der dramatische Inhalt und die dramatische Wirkung, ein Anliegen, das ein allgemeines Symptom dieses romantischen Freiheitsfiebers war. Die Künste hatten begonnen, einander zu beeinflussen, und wir sehen die Musik ihren Bereich über alle andern Künste ausdehnen, insbesondere über Literatur und Drama. Daraus entsteht, was wir »Programm-Musik« nennen – Musik mit außermusikalischer Bedeutung, Symphonien mit Namen, Erzählungen und Szenarien. Das heißt, daß die Symphonien nun im Grunde genommen zu Dramen wurden, mit eher mehr Betonung auf dem Inhalt als auf der Form.

Nehmen wir zum Beispiel die »Faust«-Symphonie von Liszt. Hier haben wir ein Werk in drei Sätzen (also bereits eine Abweichung von der klassischen Form), das darauf angelegt ist, uns in Tönen die drei Hauptfiguren aus Goethes Faust zu malen: Gretchen, Mephistopheles und Faust. Wie ist das gemacht? Jede Figur ist durch ein bestimmtes Thema oder Motiv gekennzeichnet, und durch dramatische Veränderungen der Themen oder Motive wird auch der dramatische Verlauf des Schicksals der einzelnen Personen offenbart. Hier zum Beispiel das Hauptthema von Faust, das den *alten* Faust – geheimnisvoll und schwermütig – porträtiert:

BRATSCHEN UND CELLI:

Als er sich aber mit Hilfe des Teufels in einen kräftigen jungen Mann verwandelt hat, klingt es so:

HÖRNER UND POSAUNEN:

124

Dasselbe Thema in neuer Gestalt. Genau wie eine Figur in einem Drama plötzlich in einem neuen Kostüm und mit neuer Maske auftritt, so erscheinen diese symphonischen Äquivalenzen. Hören Sie, wie dieses Faust-Thema im dritten Satz auftaucht, im Mephisto-Satz, welcher Faust in der Gewalt der teuflischen Macht zeigt:

BRATSCHEN UND CELLI:

Wie ironisch ist das Thema geworden, wie zynisch und entstellt!

Diese dramatische Methode, daß ein Thema oder Motiv die verschiedenen Sätze einer Symphonie durchläuft, nennt man in der Fachsprache »zyklische Form« – das ist eine Form, in welcher die Themen periodisch immer wiederkehren. Ich versichere Ihnen, das könnte in der klassischen Musik nicht vorkommen; eine klassische Symphonie ist rein: jeder Satz ist eine genaue, gesonderte, klare Einheit. Und dann entzündete, wie gewohnt, Beethoven den Funken, besonders in seiner Fünften und seiner Neunten Symphonie; es griff um sich wie ein Lauffeuer. Beinahe jeder Komponist nach Beethoven bediente sich dieser zyklischen Form auf die eine oder die andere Weise. Besonders die Opernkomponisten; stellen Sie sich nur vor, wie begierig sich gerade sie auf diesen hochdramatischen Kunstbegriff stürzten. Sie wissen, daß eine Oper im wesentlichen aus einer Reihe einzelner, beziehungsloser Gesangsnummern bestand, ebenso wie eine klassische Symphonie aus einzelnen Sätzen. Aber jetzt, genau wie Liszt seine Symphonie auf ein einziges Faust-Thema aufreihen kann, durchwirkt Bizet seine »Carmen«-Partitur mit einem Schicksalsmotiv, das plötzlich und theatralisch an den wichtigen Stellen des Werks auftaucht. Und Verdi kann seine Heldin Aida mit ihrem eigenen Thema umgeben, das bei jedem ihrer Auftritte eine besondere Atmosphäre um sie verbreitet, die das Publikum beinahe wie in ihr persönliches Parfum einhüllt. Kennen Sie dieses Thema? Es sind die allerersten Töne, mit denen die Oper beginnt:

Das nächste Mal hören wir es beim ersten Auftritt von Aida, diesmal von tremolierenden Streichern begleitet, was ihre Furcht ausdrückt:

Dann wird das Thema natürlich ein Hauptbestandteil ihrer ersten großen Arie: »Ritorna Vincitor«:

e l'a - mor mi - o?

p cantabile

pp

Dun — — — que scor - dar pos - sì — — — o

etc.

Sie können sehen, wie dramatisch es wirkt, wenn Musik und Darsteller so eng miteinander verbunden sind – besonders im dritten Akt in der großen Soloszene der Aida am Nil.

(Ein Sopran singt »O Patria Mia«, *vom Orchester begleitet.)*

Das Hauptbeispiel für die zyklische Form in der Oper findet man natürlich bei Wagner. Er machte tatsächlich zum Schlüssel seines ganzen Opernschaffens die »Leitmotive«, wie er sie nannte, die er jeder Person, jedem Gedanken und jedem Symbol in seinen Dramen zuwies; dann veränderte er diese Motive, verwob sie miteinander, stellte sie gegeneinander und verwendete sie im Ganzen zur Steigerung der Handlung.

Sogar in seiner verhältnismäßig fröhlichen, heiteren Oper »Die Meistersinger« spinnt sich dasselbe dramatische Gewebe fort – vier Stunden lang. Im Quintett des dritten Akts zum Beispiel verbinden sich verschiedene Motive aus der Oper zu drei Minuten reiner Schönheit; auch das Thema des Preislieds ist darin enthalten:

KLAVIER: Andante ma non troppo

p dolce

127

und dieses Liebesmotiv:

Aber das ist nicht alles. Weil diese Oper eine Verherrlichung der »heiligen deutschen Kunst« ist, wagt es Wagner sogar, Themen aus seinen andern Opern hineinzunehmen, als wollte er sagen: »Deutsche Kunst, das bin ich.« Ich! Wieder haben wir das ungeheure romantische »Ego« vor uns, aber von niemandem wird es so übermäßig kundgetan wie von Wagner. Doch sehen Sie: in diesem kurzen Quintett finden wir, neben den eigentlichen »Meistersinger«-Themen, noch ein Zitat aus der »Walküre«:

und eines aus »Tristan«:

Und es kommen noch mehr Zitate vor. Aber irgendwie passen alle diese Motive in einer Wonne harmonischer Einheit zusammen. Man könnte es fast eine »symphonische« Einheit nennen. Denn Wagners Opern sind wirklich symphonisch, jeder Akt ein gigantischer Satz einer Supersymphonie mit Stimmen, die sich aus Leitmotiven entwickelt haben. Merkwürdig, nicht wahr, daß diese zyklische Methode, die aus der Freiheit geboren wurde, nun ihrerseits zu einem starken, vereinenden Prinzip wird, einer Ordnung, die nun eben diese Freiheit überwacht. Aber aus jeder Freiheit ohne Ordnung entsteht bloß eine Anarchie; nur das Zusammenwirken von Freiheit und Ordnung, von Vielfalt und Einheit bringt eine wahre Demokratie oder ein großes Kunstwerk hervor. »Die Meistersinger« ist ein solches Werk, von dem dieses Quintett ein Miniaturmodell darstellt.

(Das Quintett wird von fünf Solisten mit dem Orchester aufgeführt.)

   Nun, wohin führt uns all dies, der dramatische Umsturz klassischer Formen, diese romantische Freiheit der Form, dieses ganze zyklische System? Zur Entfaltung einer ganz neuen Form, die ein echtes Kind des 19. Jahrhunderts ist – zur symphonischen Dichtung. Eine symphonische Dichtung geht wirklich nur einen Schritt über die »Romeo«–Symphonie, die »Faust«-Symphonie oder sogar über die Fünfte Symphonie von Tschaikowsky hinaus, die keinen Namen und keinen erzählenden Inhalt hat, aber doch durch ein zyklisches Thema dramatisch zusammengefaßt wird. Fürs erste haben wir eine Reihe von Sätzen, die alle durch gemeinsame Themen miteinander verbunden sind, und man kann das Ganze nun vollenden, indem man die Themen sinngemäß zu einem einzigen großen Satz vereint – zu einer symphonischen Dichtung, oder manchmal auch »Tondichtung« genannt – zu einer in sich selbst zusammengedrängten Symphonie.

   Vielleicht brachte Richard Strauß die symphonische Dichtung zu einem alles überbietenden Höhepunkt; sein »Don Juan« ist nicht nur ein aufregendes Stück, sondern eine vollendete Zusammenfassung aller Aspekte dieser schönen, romantischen Freiheiten, über die wir gesprochen haben: tonale, rhythmische und formale Freiheit. Und zusätzlich kommt in diesem Werk noch die vierte und letzte Freiheit zum Ausdruck, die Freiheit des Tons, der musikalischen Farbe, des echten Klanges der Töne, die man hört. Auf diesem Gebiet, besonders was das Symphonie-Orchester betraf, war der Durchbruch ganz ungeheuer.
Denken Sie bloß an das typische Bach-Orchester um 1725,

(Dreißig Orchestermitglieder erheben sich.)

dann an das Mozart-Orchester um 1785,

(Noch dreißig Musiker stehen auf.)

und jetzt das Strauß-Orchester – eigentlich unser modernes Orchester.

(Die restlichen Orchestermusiker stehen auf.)

Und der Durchbruch war nicht nur wegen der bloßen Größe des Orchesters so bemerkenswert, sondern auch wegen seiner Virtuosität; jeder Orchestermusiker war jetzt ein Virtuose. Alle Arten farblicher und tonlicher Neuerungen waren nun möglich, wie auch die rasend schnellen Noten in der Einleitung des »Don Juan«, die früher nur Solisten spielen konnten:

STREICHER:

oder der Gebrauch solch eines neuen Instruments wie des Glockenspiels:

oder besondere Techniken wie das berühmte Streicher-Tremolo am Schluß des klingenden Bildes von Don Juans Tod, das uns das Ende des Kampfes, den letzten geisterhaften Schauer malt.

(Die symphonische Dichtung »Don Juan« von Strauß wird aufgeführt.)

Der schaurige Tod des romantischen Helden Don Juan ist vielleicht ein Symbol für den Tod der romantischen Bewegung selbst. Das Werk, das ganz am Ende des Jahrhunderts geschrieben wurde, bringt ein Heimwehgefühl mit, wie fast alle Musik von Strauß und die ganze Musik von Mahler. Es herrscht ein trauriges Abschiedsgefühl von den frohen Wonnen dieses fabelhaften 19.Jahrhunderts. Das 20.Jahrhundert kam wie ein Sturm daher und wehte alle die romantischen Begriffe hinweg wie auch vielen viktorianischen Bombast oder die Selbstgefälligkeit der Dritten Republik oder bürgerliche Anmaßung. Statt dessen wurde uns ein sauberes, neues, wissenschaftliches Jahrhundert beschert mit Telefon, Radio, Auto und Flugzeug. Don Juan wurde durch Freud in zwei kurzen Sätzen »weganalysiert«; es wurde entschieden, daß Romeo und Julia, wären sie am Leben geblieben, einander mit der Zeit ohnehin gehaßt hätten; und die Meistersinger waren einfach alle zu dick.

Da wären wir also in unserem schlauen, sauberen, tüchtigen, hygienischen Jahrhundert angelangt und sehnen uns insgeheim nach dem vergangenen. Das ist die Wahrheit. Warum steht unser Verlangen so sehr nach Schubert, Schumann und Wagner? Warum rennen wir ins Konzert, wenn wir den Namen Brahms hören? Warum ist Tschaikowsky Ihr Lieblingskomponist? Weil er und seine romantische Hierarchie uns verschaffen, wonach wir uns heimlich sehnen und was unserem aufgeklärten Heute und Morgen fehlt. Die Romantiker geben uns zum Beispiel unseren Mond zurück, den uns die Wissenschaft wegnahm und einfach einen neuen Flughafen daraus machte. Im geheimen wünschen wir alle, daß der Mond wieder sei, was er war – ein rätselhaftes, faszinierendes Licht am Himmel. Wir möchten, daß auch die Liebe rätselhaft bliebe, wie sie es immer war, und nicht, daß sie aus einer Anzahl psychotherapeutischer Regeln über gegenseitige persönliche Beziehungen bestehe. Wir ersehnen das Mysterium, sogar während wir uns weiter vorarbeiten von der Lösung eines kosmischen Rätsels nach dem andern.

Im Herzen sind wir alle noch Romantiker. Ich glaube, daß die Welt, einmal angesteckt von dem Fieber, dem brennenden Fieber nach Freiheit, das uns alle noch immer so heiß durchströmt, nie mehr ganz genesen wird. Aber unsere Art zu leben ist nicht mehr romantisch; und deshalb, wenn wir am schwersten bedrückt sind, blicken wir zurück und spielen Schumann.

(Das Orchester spielt zum Abschluß der Sendung den langsamen Satz aus der Zweiten Symphonie von Robert Schumann.)

BERICHT ÜBER EIN URLAUBSJAHR*

I

DIE GROSSE WOHLTAT DES »SABBATICAL«-JAHRES besteht nicht so sehr darin, daß einem erlaubt ist, von allen Anstrengungen auszuruhen, als daß man den herrlichen Luxus genießen darf, ohne jeglichen Zeitplan oder bestimmte Einschränkungen ungezwungen zu meditieren. Diese Tatsache führt dazu, daß die Leute von jemandem, der soeben sein »Sabbatical« beendet hat, erwarten, er werde jetzt als neuer Weiser, überfließend von Einsichten, neuen Urteilen und Bewertungen oder großartigen philosophischen Schlußfolgerungen wieder auftauchen. Mit alledem kann ich nicht dienen.

Der eine Schluß, zu dem ich nach einem Jahr der Überlegungen gelangt bin, ist die übliche Phrase, daß die Sicherheit des Menschen über sein Wissen im Verhältnis zu seinem Nachdenken und seinen Erfahrungen abnimmt. Im Moment, in dem man Zeit hat, seine Erkenntnisse durchzudenken, beginnen feststehende Gewißheiten abzubröckeln, und die »andere Seite« jeder Streitfrage winkt einem freundlich einladend zu. Die unvermeidliche Folge davon ist, daß der Mensch seine Freisinnigkeit bis zur Lächerlichkeit übertreibt. Im wahren Freisinn liegt die Qual eines Hamlet; alles und jedes kann jetzt nach zwei Seiten hin ausgelegt werden. Einseitigkeit ist unmöglich, die Meinung schwankt und unsterbliche Worte kommen nicht in Frage.

* »The Sabbatical Year« heißt das beliebte Urlaubsjahr, das in Amerika Professoren, Wissenschaftlern und prominenten Künstlern ungefähr alle sieben Jahre zum Zwecke von Forschungsreisen, Studien und Weiterbildung von ihren Instituten bezahlt wird.
Mr. Bernstein war auf »Sabbatical«-Urlaub von seiner Leitung des New Yorker Philharmonischen Orchesters während der Saison 1964/65 und schrieb nach seiner Rückkehr diesen Bericht für die »New York Times«.

In diesem Zusammenhang habe ich das ganze Jahr über Musik nachgedacht, im besonderen über die gegenwärtige Krise der Kompositionskunst und deren mögliche Folgen in der nahen Zukunft. Was ist mit den symphonischen Formen geschehen? Gehören Symphonien der Vergangenheit an? Was wird aus dem symphonischen Orchester werden? Ist die Tonalität tot für immer? Ist die internationale Gemeinschaft der Komponisten wirklich im tiefsten Innern bereit, diesen Tod zu akzeptieren? Wenn ja, wird das musikliebende Publikum dabei mitmachen? Sind die neuen verblüffenden Verwicklungen in der Musik für sie lebensnotwendig, oder entsteht daraus einfach nur hübsche »Papiermusik«?

Obschon ich diese Fragen während eines Jahrs oder noch länger mit einer Aufgeschlossenheit ad absurdum hin und her gewälzt habe, kann ich natürlich nicht nur eine einzige Antwort darauf geben. Oder, um genauer zu sein, ich habe viel zuviele Antworten bereit, die vielleicht alle richtig sind. Auf jede der Fragen gibt es zwei Antworten, die im Prinzip »Ja« und »Nein« heißen und die noch von unzähligen Varianten begleitet sind.

Zum Beispiel: gehören Symphonien der Vergangenheit an? Offenbar nein, denn es wird immer noch eine beträchtliche Anzahl von Symphonien komponiert. Aber die Antwort heißt ebenso offensichtlich »Ja«, insofern als die klassische Auffassung einer Symphonie – wie sie von einer bifokalen tonalen Achse abhängig ist, welche Achse selbst von der Tonalität abhängt – wirklich der Vergangenheit angehört.

Soll das bedeuten, daß Symphonien nicht mehr geschaffen werden können? Nein. In einem weiten Sinn kann das Wort »Symphonie« für alle möglichen Strukturarten verwendet werden. Andererseits wieder lautet die Antwort »Ja«. Genau genommen kann der Verfall der Symphonie seit Beginn unseres Jahrhunderts deutlich wahrgenommen werden.

Wenn es aber mit der Symphonie als Form gänzlich vorbei ist, was wird dann mit unseren Orchestern geschehen? Werden sie zu historischen Museen, mit den Dirigenten als Verwalter, welche die alten Meisterstücke, besorgt um deren Platz und Beleuchtung, in Ausstellungen zeigen? Ja, das ist unvermeidlich, da unsere Orchester vor allem dazu geschaffen wurden, jene Meisterstücke aufzuführen. Aber auch wieder nein; denn jede Anzahl neuer Kompositionsformen, die sich nach und nach kunstvoll verändern, ist denkbar, um unsere Orchester zufriedenzustellen. Nein, ja; nein, ja; ja, nein. Was ist wirklich wahr?

Vorausgesetzt, daß man mir das anscheinend existentielle Paradoxon verzeihen kann, schlage ich vor, die Antwort nach der Fragestellung zu richten. Indem wir mit dem Problem Versuche ausführen, indem wir es erfüllen und damit leben, erhalten wir die Antwort. Wir verbringen unser ganzes Leben damit zu versuchen, Konflikte zu lösen; wir wissen aber, daß es keine Lösungen gibt, es sei denn im Nachhinein, wenn es zu spät ist. Wir können zeitweise Entschlüsse fassen (wir tun es täglich tausendmal), aber erst nach unserem Tod wird endgültig erkannt werden, ob es uns je gelungen ist, unsere Probleme zu lösen. Das ist offenkundig, da wir ja, solange wir leben, nicht aufhören, nach den Lösungen zu suchen. Dieses Suchen ist der wirkliche Lebenslauf. Auch im Fall des Symphonie-Problems sind wir bestrebt, es zu lösen, indem wir einen philharmonischen Überblick über das Thema Symphonie während zwei Jahren des 20. Jahrhunderts zu bekommen trachten. Ich behaupte nicht, daß wir nach Ablauf der zwei Jahre eine entschiedene Antwort haben werden, aber wir werden die Fragen beantworten, indem wir sie mittels Musik stellen und die Prüfung selbst erleben.

Plötzlich erkenne ich die Gefahr, daß meine Bemerkungen nach Spitzfindigkeit klingen. Ich hoffe es aber nicht. Noch nie habe ich etwas ernster gemeint. Gestatten Sie mir ein Gleichnis: wie soll man ein Palindrom lesen? Die Tatsache, daß es ein Palindrom ist, verleitet Sie, es von rückwärts nach vorne zu lesen, aber vergessen Sie nicht, daß Sie es nach vorwärts schon gelesen haben:

A MAN, A PLAN, A CANAL-PANAMA!
(oder etwa: Ein Neger mit Gazelle zagt im Regen nie!)

Das Wesen, der ganze Sinn davon, ist eben, daß man es auf beide Arten lesen kann. Und nicht nur kann, sondern soll und muß, wenn es seine Bedeutung behalten soll.

Immer noch spitzfindig? Denken Sie an einen berühmten Roman – »Billy Budd« zum Beispiel. Man stellt uns zwei Helden vor, bringt uns zwei Erzählungen, je nachdem wie wir die Symbolik von Melville lesen. Dieser selbst bleibt unparteiisch und gibt uns keine Richtschnur, wie der Roman zu lesen ist, und so stellt sich heraus, daß das Suchen nach der Lösung die eigentliche Tragödie ist. Zum Schluß erleben wir eine hehre Läuterung, doch es ist keine Lösung des Konflikts, denn unser Schmerz darüber bleibt ungelindert. Dasselbe gilt für »Die Brüder Karamasov«, für »König Lear« und für die Vierte Symphonie von Brahms. Ein Kunstwerk beantwortet keine Fragen, es fordert sie heraus; und die wesentlichste Bedeutung des Kunstwerks liegt in der Spannung zwischen den sich widersprechenden Antworten.

Diese Art von dialektischem Denken ist sicher nicht neu; neu ist vielleicht, es auf Angelegenheiten der zeitgenössischen Musik anzuwenden, die im allgemeinen unter Voreingenommenheit leidet. Betrachten Sie die Avantgarde, mit ihren kurzlebigen, gruppenweisen Marotten, ihrer flotten Tüchtigkeit und ihrer sorglosen Haltung gegenüber der Verständigung mit dem Publikum. Man ist versucht, sich für ein deutliches »Nein« zu entschließen; hat man aber genügend Zeit, nachzudenken und sich mit den Partituren zu beschäftigen, wird man von dem Phänomen Boulez oder von der erstaunlichen Phantasie von Lukas Foss umgeworfen. Das »Nein« verwandelt sich über Nacht in ein »Ja«; und doch ist man objektiv zu den beiden Antworten gelangt. Es geht nicht bloß darum, in der Masse der neuen Komponisten ein Talent zu erkennen, sondern es handelt sich um die Frage, wie das Rätsel der Existenz zweier solcher Genies in einem kritischen Augenblick der Musik zu lösen wäre. Aber das Rätsel ist seine eigene Antwort: der Kampf der Genies wird zum Geschichtsbuch von morgen.

Natürlich habe ich persönlich ein zusätzliches, dialektisches Problem. Als Dirigent bin ich von jedem neuen Tonbild, das erscheint, fasziniert und dafür weit aufgeschlossen, aber als Komponist bin ich der Tonalität verschrieben. Hier besteht ein wirklicher Konflikt, den ich buchstäblich nur mit meiner gründlichen musikalischen Erfahrung zu lösen versuche. Wenn das aber für einen alten Romantiker wie mich viel zu existentialistisch klingt, na schön, dann bin ich auch bereit, mich umzustellen, die zweckmäßige Annäherung zu überlegen und mit ihr zu ringen. Noch eine Synthese, die zu suchen ist.

Solcherart ist der Engpaß, in den mein Urlaubsjahr mich geführt hat. Ich habe auf alles zwei Antworten und auf nichts eine Antwort. Und diese reizende Ungereimtheit dehnt sich schließlich auf diesen ganzen Bericht aus. Auch für ihn gibt es zwei Lösungen; deshalb habe ich beide geschrieben. Die Wahl zwischen den beiden liegt in der Frage: »Welche ist wahr?« und darauf gibt es keine einzige Antwort.

II

Eurer Bitt' ich gern willfahre,
Erzähle von dem Urlaubsjahre,
O New York Times, daß ich bezeuge
Vom Ferienjahr (es geht zur Neige),
Die Früchte nun von diesem Jahr,
Hier leg' ich sie euch fröhlich dar.
Warum in Versform, weiß ich nicht,
Es fügt von selbst sich zum Gedicht;
Im Reim, im Vierfuß abgefaßt,
Ein Füßchen mehr, wo es grad paßt;
Gestattet mir Vierzeilen-Form
Oder genaue Blankvers-Norm
Alles, nur Prosa nicht – pardon!
Genug gefleht. Hier ist es schon.

Seit Juni Neunzehn-sechzig-vier
Lacht offiziell die Freiheit mir,
Keine Arbeit, keine Pflichten
»Philharmonisch« zu entrichten
Für fünfzehn Monate, wie schön!
Doch müßig durft' ich auch nicht gehn,
Nahm ich für dieses Jahr doch an
Einen genauen Ferienplan,
Was ich in dieser Zeit sollt' treiben,
Nämlich ein neues Stück zu schreiben.
(Theaterkomponistens Rast

Währt nun schon acht Jahre fast,
Seit »West Side Story« war entstanden!)
Doch jetzt wir etwas Neues fanden:

Es hatten einige das Glück
Zu ergattern die Rechte von Wilders Stück,
»The Skin of Our Teeth«, bei dem oft ich gedacht,
Dies Stück ist zum Singen und Tanzen gemacht.
Des Lebens Wunder zeigt es,
Zu Leid und Schrecken neigt es,
Läßt verrückte Heiterkeit geschehen
In unserm menschlichen Bestehen.
Von Juni bis Dezember – sechs Monat' Arbeit war's,
Doch trüb war unser Lohn am Ende dieses Jahrs.
Was wir geschafft, uns nicht gefiel,
Drum gaben wir jetzt auf das Spiel.
Als gute Freunde immer noch
Trennten wir uns – im Herzen doch
War'n wir traurig, denn dahin
Sah'n wir die Halbjahrsarbeit fliehn.

Das Bild wird heller, komm Neujahr:
Neun Monat' bieten sich noch dar
Und bringen neuen Hoffnungsschimmer,
Der schon erloschen schien für immer.
Mutig weg mit dem Bedauern,
Anstatt Verlor'nes zu betrauern,
Begann ein neues Ferienjahr
Dramatischer Projekte bar.
Einfach als Mensch einmal zu leben,
Dem Dasein so sich hinzugeben,
Wie man – man wird es mir wohl glauben –
Sich niemals könnte doch erlauben,
Wenn man drinsteckt in der Fron
Philharmonischer Saison.
Jetzt ausführbar war ein Projekt,
das sich mit meinen Wünschen deckt:

Zu Hause bleiben ohne Pflicht,
Freunde sehen – oder nicht;
Auf dem Spaziergang die Kinder begleiten;
Zum Spaß an irgendein Studium schreiten;
Klavier zu üben; auch von Bonnard
Die Ausstellung besuchen; oder die nächste Bar.
Zu treffen manche Künstlerkollegen,
Welche anderer Musen pflegen
Und nicht gehören zum Musikerfach;
Neue Dichter lesen; Anagramm spielen, Schach,
Oder Kreuzwortlösen in der Britischen Presse;
Das neue Studium ich nicht vergesse
Von Opus hundertzweiunddreißig;
Kurz, ich tue gern und fleißig
Was mir grade jetzt gefällt
Und genieße so die Welt.

Doch gibt es unvermeidlich Pflichten
Auch im Urlaub zu verrichten:
Zum Beispiel Jugendkonzerte zu leiten;
Auch gab es manche Aufnahmearbeiten
Und ähnliches nicht zu den Ferien passend
Und einen Teil meiner Zeit erfassend.
Dem hatte ich mich wohl zu fügen,
Doch dafür blieb mir das Vergnügen,
Daß mein Stab nicht rosten mußte.
Im Hintergrunde ich noch wußte
Von unvernünft'gem Drang (zu spät!),
Mein Wunsch doch nach »Theater« geht.
Und das hieß, viele Stunden und Tage
Stücke zu lesen – oh, welche Plage!
Tolle Einfälle zu überlegen
Oder Gedanken, die recht verwegen.
Doch nichts schlug ein. Auch das war gut,
Es blieb mir so, ich gesteh's, der Mut,
Meine Zeit dem Musiker ganz zu schenken,
Über Kompositionskunst nachzudenken;

Endlose Stunden konnt' ich nun grübeln
Und brüten – wer wollte es mir verübeln –
Über musikalischem Material,
Benutzt oder mißbraucht schon einmal,
Über unkonventionelle Ansicht,
Und wie unsre Zeit mit der Tonalität bricht;
Über »Dada«, »Alea« und so Narreteien,
Romantikmangel, beengende »Reihen«,
»Musikperspektiven«, neue Terminologie
Physikomathematomusikologie.
»Zyklen«, »Sinus«, »Parameter«,
Auch Titel, mehr sagend als schlichte Tetrameter;
Stücke für meckernde, glucksende Sopranos
Mit Schwadronen von Vibraphonen und Flotten von Pianos
Handflächen, Fäuste und Arme hau'n drein. –
– Dann fielen die »Chichester Psalmen« mir ein.
Diese Psalmen sind einfach, bescheiden, tonal,
Melodisch und irgendwie grad und normal;
Tonikas, Dreiklänge in allen Lagen,
Ein kühner John Cage könnte sie kaum ertragen.
Doch: als Resultat meines Meditierens
Nach zwei Monaten in »Avantgarde«-Herumirrens
Steht mein jüngstes Kind auf altmodisch süßen,
Eigenen zwei tonalen Füßen.

Dies war meine größte Ferientat,
Die greifbarste wenigstens; doch es hat
Auch andern Segen für mich gegeben
Durch mein neugefundenes Müßigleben,
Das mir manche Freude brachte,
Auch andern, hoff' ich, Vergnügen machte.
Um im Zusammenhang zu berichten,
Was ich tat in diesem Jahr ohne Pflichten
Und sonst nicht hätt' tun können, bloß zum Spaß
Im Tagebuch lese ich dies und das.
Doch unmöglich kann ich hier alles erzählen,
Darf pro Monat ein einz'ges Ereignis bloß wählen:

Jan. Strawinskys »Histoire du Soldat« dirigiert
Für Wohltätigkeit; und auch selbst inszeniert.

Feb. Nach Aspen geflogen, Institut, Seminar;
Skifahren daneben – erholt wunderbar.

März Dirigierte Robbins Ballett »Les Noces«,
Wieder Strawinsky – gewiß, er ist groß.

April Geübt, gespielt, Aufnahme von Mozart
g-Moll mit dem Quartett Juilliard.

Mai Nach Dänemark, erhalte Sonning-Preis;
Spiel' als Dank Nielsens Dritte, es lohnte die Reis'.

Juni Vor Casals dirigieren, dem Wunderbaren.
In Puerto Rico ist mir das Glück widerfahren,
Daß dieser Traum in Erfüllung ging,
An dem ich Zeit meines Lebens hing.

Juli Nach Chichester, zu hören im Kreis meiner Lieben
Die Psalmen am Ort, für den sie geschrieben.

Aug. Vierten Akt aus »Carmen« zu dirigieren,
Nach Tanglewood mußt' es mich dazu führen,
Meiner glücklichsten Jugendzeit Stätte
Fünfundzwanzig-Jahrfeier – oh, ich hätte
Erinnerungen an Tanglewood
Nach fünfundzwanzig Jahren – wie gut!
Zum Beispiel, damals im November . . .

doch plötzlich, da ist der September.

Dvořák: Symphonie Nr. 9 in e-Moll, Opus 95
»Aus der Neuen Welt«

Sieht diese Musik für Sie aus wie die Neue Welt?
Sie stammt aus einer Symphonie mit dem Untertitel »Aus der Neuen Welt«, und irgend etwas sollte doch daran sein, das diesen Titel rechtfertigt. Wir werden versuchen, herauszufinden, was es ist, wenn tatsächlich etwas davon da ist.

Gerade um die letzte Jahrhundertwende kam ein Komponist namens Antonin Dvořák – ein Tscheche, oder wie man damals sagte, ein Böhme – für zwei Jahre nach Amerika. Da sein Name zu den großen seiner Zeit gehörte – er war sowohl als Komponist wie auch als Lehrer sehr gefeiert –, wurde jedes Wort, das er zu sagen hatte, hungrig verschlungen. Nebenbei war Amerika damals – mit allen Gütern und Grenzen – auf der Höhe seiner Expansion und begann sich in der Kultur irgendwie zurückgeblieben zu fühlen. Alles und jedes, was aus Europa kam, war eitel Gold, besonders auf dem Gebiet der Musik. Damals gab es nicht so etwas wie eine »amerikanische Schule« der Komponisten. Ein amerikanischer Komponist ging zum Studium nach Europa, um mit Liszt oder einem Schüler von Brahms zu arbeiten und dann mit einer Rolle schöner akademischer Nachahmungen von Kompositionen jener Meister unter dem Arm heimzukehren. Wenn seine neue symphonische Dichtung wie Liszt oder Brahms tönte, dann war sie gut – je mehr sie so tönte, desto besser.

Dvořák kam erfüllt von dem nationalen Geist, der sich damals über die europäischen Völker ergoß, in Amerika an. Ein Jahrhundert nationaler Festigung hatte gerade seinen Höhepunkt erreicht. Da waren Bismarck, Garibaldi und alle die übrigen gewesen, und es gab plötzlich ein Italien, ein Deutschland, ein Böhmen. Und auf einmal gab es auch böhmische Konzertstücke von Dvořák und Smetana, Norwegische Tänze von Grieg, Spanische Tänze von Albéniz, russische Opern von Glinka und Mussorgsky, Ungarische Rhapsodien von Liszt, und so weiter, und so weiter. Man wußte, wenn man ein europäisches Musikstück hörte, sofort, welche Nationalität es vertrat, weil es auf der eingeborenen, primitiven Volksmusik eines jeden Landes aufgebaut war. Dvořák kam als Evangelist nach Amerika, als ein Missionar des Nationalismus, und er war über die Nachahmungsverfahren der amerikanischen Komponisten entsetzt. Er konnte nicht verstehen, daß sie nicht ebenfalls nationale Musik mit eigenen Mitteln schufen. »Seht doch euer Land an«, meinte er im wesentlichen. »Ihr lebt hier in einem Land, das von Volkstradition und Volksmaterial verschiedener und exotischer Art überfließt. Was macht ihr mit euren Indianern und ihren prächtigen Gesängen und Tänzen? Mit euren Negern, ihren Spirituals, ihren Balladen, ihren Klage- und Arbeitsgesängen? Warum schafft ihr nicht eine Fülle symphonischer Musik aus diesem Schatz an Material? Ihr habt ein Erbe; alles was ihr tun müßt, ist, es zu benutzen.«

143

Was Dvořák aber natürlich nicht wußte, war, daß der amerikanische Komponist jener Zeit überhaupt kein Erbe besaß. Dvořák übersah die offensichtliche Tatsache, daß die amerikanischen Komponisten keine Indianer und sehr selten Neger waren und daß sie außerdem wenig oder gar keinen kulturellen Kontakt mit Indianern und Negern hatten. Die Amerikaner waren ein kultureller Import aus Europa, kulturelle Einwanderer, jeder mit völlig verschiedener Vergangenheit – und keiner von ihnen war geborener Amerikaner. Unsere in Amerika geborenen Menschen lebten alle in Reservaten – nicht in den Städten, und bestimmt nicht in der Kunstwelt.

Deshalb bedeutet der Rat Dvořáks, die amerikanischen Komponisten sollten sich hinsetzen und bewußt auf Folklore beruhende amerikanische Musik schreiben, daß sie sich einer Folklore bedienen sollten, die nicht wirklich die ihre war. Schließlich waren diese Komponisten nie in die Felder hinausgezogen, um bei Trommelschlag um Regen zu beten, noch hatten sie an den Flußufern der Negerviertel Klagelieder gesungen. Aber dieses augenscheinlich ganz einfache Rezept, wie man nationale amerikanische Musik schreibt, machte auf die Komponisten offenbar so großen Eindruck, daß sie mit Gusto und Unternehmungsgeist darauf eingingen. Es folgte eine Epidemie von Indianer-Opern und Negro-Suiten, die den Markt überschwemmten und bis zum heutigen Tage in unseren Notenarchiven und Antiquariaten verstauben. Männer wie Edward MacDowell, Henry Gilbert, Samuel Coleridge-Taylor, Charles Wakefield Cadman und sogar Victor Herbert (ein sehr irischer Amerikaner) befanden sich in der Vorhut dieser Bewegung. Diese ganze Krankheit von »Amerikanitis« war durch Dvořáks eigenen Virus verbreitet worden, denn er sagte: »Ihr könnt bestimmt amerikanische Musik schreiben, und ich werde euch zeigen, wie man das macht.« Sogleich schrieb er seine Fünfte* Symphonie, bekannt unter dem Namen »Aus der Neuen Welt«, die ein Modell für die neue amerikanische Musik sein sollte.

Was herauskam, war natürlich eine sehr schöne, fein gesponnene und tief empfundene Symphonie aus der Alten Welt. Hie und da findet man Melodien darin, die wie Indianer- oder Negermusik oder wie beides tönen, Melodien, die vielleicht auf authentischen Volksmusikthemen beruhen, obschon Dvořák deren originalen Ursprung bestritt und behauptete, er habe nur im »Geist« dieser Volksmusik geschrieben. Doch die

* Kürzlich wurde diese Symphonie zur »Neunten« Symphonie umnumeriert.

symphonische Musik, die daraus entstanden war, ist böhmisch oder zentraleuropäisch oder »Brahmsisch« oder, wenn man will, sogar »Dvořákisch«; aber sie ist keinesfalls, mit noch so viel Phantasie, als amerikanische Musik zu bezeichnen.

Die amerikanischen Komponisten, die Dvořáks Beispiel folgten, gelangten zu einem ungefähr gleichen Resultat. Wenn man ihre Musik studiert, findet man eine Art Mischmasch von Form. Ein Stück kann vielleicht mit einem »indianischen« Thema beginnen, dann mit einem überleitenden Abschnitt zu einem »Negro«-Thema führen, aber die Überleitung selbst ist aus dem alten europäischen musikalischen Stoff gemacht, wie ihn Tschaikowsky, Brahms und Wagner lieferten. Das gleiche gilt für alle Durchführungsabschnitte. Was uns übrig bleibt, sind einige wenige Inseln amerikanischer Themen, die in einem Meer europäischer Tradition schwimmen. Das Land bleibt Land, das Wasser bleibt Wasser, und sie vermischen sich nie.

Viel später – tatsächlich nach dem Ersten Weltkrieg – begann sich ein echter amerikanischer Geist als Resultat des natürlichen Wachstums und der Integration unserer Gesellschaft in unserer Musik fühlbar zu machen. Natürlich sollte die große, vereinigende Kraft – der gemeinsame Nenner der amerikanischen Musik – eine ganz neue Art von Musik sein, und man nannte sie »Jazz«. Der Jazz sollte die wahre amerikanische Volksmusik werden, Musik für den täglichen Hausgebrauch, nicht exotisch oder eigenartig wie indianische Kriegsgesänge, und deshalb wurde er auch ein echter Teil unseres musikalischen Denkens. Aber zur Zeit Dvořáks, als der Jazz noch nicht geboren war, gelang es unserer amerikanischen Musik nie, viel amerikanischer zu werden als diese Symphonie »Aus der Neuen Welt«.

Sehen wir uns nun diese Musik an und schauen wir nach, wie sie zu dieser Auffassung paßt. Prüft man dieses Werk, dann macht einem sofort der große Reichtum an Einfällen darin Eindruck; und jeder Einfall ist wirkungsvoll, ist entweder charmant oder dramatisch oder rührend. Es ist in der Tat so viel Material vorhanden, daß man beinahe sagen könnte, das Stück leide an zu geringer Ausarbeitung. Ich nehme an, daß dies den Unterschied zwischen den ganz großen und den weniger großen Symphonien ausmacht. So verwendet zum Beispiel Beethoven in seiner »Eroica« sehr wenig tatsächliches Material im Vergleich zu Dvořák, aber was Beethoven aus dem Wenigen macht, ist überwältigend. Dvořák verläßt sich mehr auf die Wirkung seiner Melodien, Themen und Ideen als auf die Größe der Architektur, die aus ihnen entsteht.

Wie sind nun diese Themen beschaffen? Wenn wir beim ersten Satz beginnen, hören wir zuerst eine langsame Einleitung:

Ja, wenn das wirklich eine amerikanische Symphonie werden soll, müßte diese Einleitung es schon vor uns hinlegen und den Ton der »Neuen Welt« sofort berühren. Das tut sie aber nicht; eher macht sie den Eindruck einer beschaulichen, europäischen Meditation. In der Tat hat diese Einleitung etwas später eine auffallende Ähnlichkeit mit der Einleitung zum letzten Satz der Ersten Symphonie von Brahms; und das ist kein Zufall. Brahms hatte auf das Leben und die Musik Dvořáks großen Einfluß. Brahms hat von Dvořák große Stücke gehalten, ihn ermutigt und inspiriert. Hier sind drei Takte aus der Brahms-Symphonie; beachten Sie die dramatische Verwendung von Synkopen, verminderten Septakkorden und von der Pauke auf dem Höhepunkt:

Sehen wir jetzt vier Takte aus der Einleitung von Dvořák an – wir bemerken dieselben Elemente:

Die Ähnlichkeit ist erstaunlich. Wir können daraus schließen, daß Dvořák mehr unter dem Einfluß von Brahms als dem von Amerika stand.

Dann kommen wir zum Hauptabschnitt des ersten Satzes, dem Allegro. Ich nehme an, daß dieses erste Thema:

wegen der darin vorkommenden Synkopen »amerikanisch« genannt werden könnte:

Aber Synkopen kommen ja auch in der soeben gehörten Einleitung vor und auch bei Brahms, der keine »Neue-Welt«-Absichten hatte. Diese Art von Synkopierung kann man auch bei Bach und Mozart und überall, wo

147

sie hinpaßt, finden. Hier zum Beispiel in der dritten »Leonoren-Ouverture« von Beethoven:

–und diese kann man sicherlich nicht »amerikanisch« nennen. Synkopierung an sich ist also kein Faktor. Aber sogar wenn wir zugeben, es sei ein Faktor, der die Melodie Dvořáks amerikanisiert, finden wir doch die nächsten vier Takte rein tschechisch:

so daß irgendeine vielleicht vorhandene amerikanische Eigenschaft wieder abrupt beseitigt wird.

Dieses Material wird für eine Weile in gutem europäischem Stil entwickelt und leitet zu einem zweiten Thema über:

Nun, diese Melodie wurde oft als indianisch – zumindest in der Qualität – zitiert, und es gibt auch Gründe, mit denen der Beweis dafür aufrechterhalten werden kann. Vor allem hat die Melodie anstatt der Harmonie einen Orgelpunkt – das ist ein einziger wiederholter Ton, der die Melodie stützt.

Das ist für primitive Musik typisch. Später haben wir sogar jene allzu-
bekannten leeren Quinten im Baß, die wir alle mit indianischer Musik in
Zusammenhang bringen:

Dvořák verwendet sie auf diese Art:

Dann wieder wird die Melodie »modal«, das heißt, sie ist weder in einer
Dur- noch in einer Molltonart, wie es ja bei klassischer Musik üblich ist,
geschrieben, sondern in einem Modus, was sehr häufig bei exotischer
Volksmusik vorkommt. In diesem Fall ist es der Äolische Modus:

Man weiß, daß bei mancher indianischen Musik dieser Modus benützt
wird. Aber wiederum kommt er auch bei früher englischer und gregoriani-
scher Kirchenmusik vor, ebenso bei Hindu-Musik, bei afrikanischer und
alter griechischer Musik. Deshalb schwankt der Beweis für die indianische
Art ein wenig. Diese Melodie könnte genauso gut ein mittelalterlicher
französischer Tanz wie ein indianischer Gesang sein. Und das gilt auch
für den Orgelpunkt und für die Quinten im Baß.

149

Aber noch mehr zählt hier, daß die Durchführung dieses Themas sich an alle traditionellen europäischen Muster hält, so daß, was immer an indianischer Art vorhanden war, verlorengeht. Das Muster hier beruht auf der Idee der Sequenzen, das heißt, ein Motiv oder eine Figur wird einfach auf immer aufsteigenden Stufen der Skala wiederholt, so daß der Eindruck des Bauens entsteht, wie es Tschaikowsky in seinem Orchesterwerk »Romeo und Julia« macht.

In diesem Fall bildet Dvořák die Sequenz erst auf dem zweiten Takt der Melodie, und die Entwicklung kommt so heraus:

Es klingt nicht viel anders als bei Wagner und Tschaikowsky, nicht wahr?

Was ist nun mit dem nächsten Thema los, das immer mit dem Negro Spiritual »Swing Low, Sweet Chariot« verglichen wird, das, wie Sie wissen, folgendermaßen klingt:

Die Melodie Dvořáks klingt wirklich sehr ähnlich, besonders wenn man die ersten drei Noten (»swing low sweet«) wegläßt und mit »chariot« beginnt:

Dvořák leugnete aber, sich dieser Melodie bedient zu haben. Er blieb steif und fest dabei, die Ähnlichkeit liege hauptsächlich in der Tatsache, daß beide Melodien in der pentatonischen Skala stehen – das ist eine Fünftonskala, die für indianische und auch für manche afrikanische Musik typisch ist:

Aber zu diesen fünf Noten bringt Dvořák im fünften Takt der Melodie eine sechste Note hinein, und damit ist die Fünftonskala dahin. Im siebenten Takt fügt er dann die eine noch übrige siebente Note hinzu:

– und hat somit jetzt alle sieben Noten unserer guten alten Dur-Tonleiter benützt.

Wie vorher finden wir uns, sobald es zur Entwicklung dieser Melodie kommt (im dritten Takt wenigstens), wieder zurückversetzt in die Welt Wagners und aller europäischen Traditionen.

Das alles ist das Material des ersten Satzes mit seinem ganzen Anspruch auf Amerikanismus. Nein, halt; da gibt es noch Leute, die voll Stolz auf etwas hinweisen, das sie als Zitat – ausgerechnet – aus »Stars and Stripes Forever« bezeichnen. Es kommt in der Mitte des Durchführungsabschnitts vor:

Wäre aber die Wahrheit bekannt! Sousa komponierte nämlich seinen Marsch erst drei Jahre später als Dvořák seine Symphonie. Im besten Fall jedoch müßte man es eine trügerische Methode nennen, amerikanische Musik zu schreiben.

Wir kommen jetzt zum zweiten Satz, der eine reizende Melodie hat die ganz allgemein für amerikanisch gehalten wird.

Diese Melodie kennen Millionen Menschen als »Goin' Home«, ein Negro-Spiritual, das überhaupt nicht »spiritual«, das heißt, nicht »geistlich« ist, sondern ein auf der Basis der Dvořák-Melodie komponiertes Lied. Tat-

sächlich ist nichts daran, wodurch es als besonders amerikanisch kenntlich
wäre, es sei denn wieder der Umstand, daß es in einer pentatonischen
Skala geschrieben ist, was genauso typisch für chinesische wie für indianische oder afrikanische Musik ist. Trotzdem neigen wir wegen der vielen
Assoziationen, die in uns hervorgerufen werden, dazu, diese Musik als
amerikanisch zu empfinden. Sie erweckt in uns Bilder von Feld- oder
Plantagenarbeitern, die im Mondschein vor sich hinsummen, von »Gone
with the Wind« (»Vom Winde verweht«) und von was man sonst noch
will – aber bloß weil wir ständig so Ähnliches gespielt oder gesungen
hören im Film, im Radio, praktisch immer, wenn sich eine Südstaaten-
Situation ergibt. (Würden wir dieser Musik tschechische Worte unter-
legen, könnte sie anstatt amerikanisch durchaus tschechisch klingen, und
ebenso klänge sie chinesisch mit chinesischen Worten.) Später im Satz,
wenn die Melodie von den Hörnern geblasen wird, klingt sie einfach nur
deutsch, im alten Jagdhornstil.

Das nächste Thema des zweiten Satzes ist eine leidenschaftliche Melodie, wieder im Äolischen Modus:

Aber wie schon gesagt, »modale Musik« ist universal und braucht nicht
unbedingt indianisch zu sein. Dieser Melodie folgt sogleich ein wunder-
schönes schwermütiges Thema:

dessen einziges nationales Merkmal in dem rhythmischen Einfall zu finden ist, der als »Scotch snap« bekannt ist. (Ein bestimmter, besonders in Volksliedern und im »strathspey«, einem lebhaften schottischen Tanz, vorkommender Rhythmus.)

Ja, aber Schottland hilft unserer amerikanischen Sache überhaupt nicht.
    Eine vierte Melodie erscheint jetzt, die eher wie eine französische Gigue klingt:

So endet unser zweiter Satz mit Elementen, die man deutsch, französisch, chinesisch, schottisch nennen könnte, aber keines davon ist ausgesprochen amerikanisch – es sei denn, Sie bestünden darauf, daß »Goin' Home« ein Negro Spiritual sei, was es aber nicht ist.

Der dritte Satz ist ein Wunder an Erfindungsreichtum und Gewandt-
heit. Das ist bester Dvořák. Aber ich hege den Verdacht, daß er hier so
gut ist, weil er Elemente verarbeitet, die in ihrem Charakter vorwiegend
slawisch sind. Die Rhythmen im Hauptthema sind jenen nicht unähnlich,
die er in seinen »Slawischen Tänzen« verwendet.

Darauf folgt ein höchst originelles Motiv, das bestimmt primitiv im Charakter ist, aber von einer Primitivität, die von irgendeinem Teil der Welt
stammen könnte:

Und das Trio dieses Satzes kommt rein österreichisch heraus, à la Schubert, oder beinahe wie »Bierhallenmusik«:

Ah, aber was dann folgt, ist völlig im tschechischen Geist komponiert. Hier ist das wahre Genie Dvořáks erkennbar:

So hat uns das Scherzo slawische und deutsche Freuden beschert, aber wieder keine Freuden aus der Neuen Welt.

Und jetzt kommt der letzte Satz. Ganz allgemein würde ich sagen, daß dieser Satz slawischer als alle andern Sätze ist, denn er erinnert mehr an russische Musik der damaligen Epoche als an irgend etwas anderes. Gleich am Anfang finden wir eine starke Anlehnung an Mussorgsky:

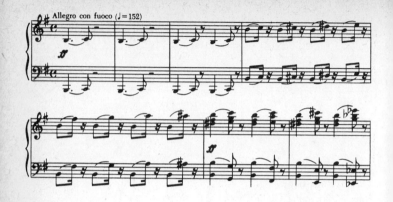

Hören Sie jetzt diese Takte aus »Bilder einer Ausstellung« von Mussorgsky:

Beides könnte beinahe vom gleichen Komponisten sein.

Jetzt sind wir beim Hauptthema angekommen:

Wieder ist es modal im indianischen Sinn und außerordentlich stark im gleichen Sinn. Es könnte aber auch modal und stark in einer Reihe anderer Bedeutungen sein. Wird das Thema harmonisch behandelt, klingt es ganz wie Brahms:

Es gibt eine Stelle in diesem Satz, bei der ich persönlich immer irgend etwas wie amerikanischen Geist empfunden habe, nicht in den Noten selbst, aber in ihrer Behandlung. Es ist diese Passage:

irgendwie bewirkt diese 'mm-pa, 'mm-pa-Begleitung:

gegen die Triolen in der Melodie:

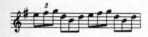

ein erregendes »Gestampfe«, das eine amerikanische Eigentümlichkeit ist. Aber das kann auch nur mein persönliches Gefühl sein, das aus meinen eigenen Assoziationen entstanden ist. Auch wird dieses »amerikanische« Gefühl ohnehin gleich wieder durch eine Anspielung auf Wagners »Tannhäuser« gestört:

Und so wären wir wieder drin in der »deutschen Suppe«.

Kurz darauf kommt noch eine Stelle, die den Leuten jazzartig vorkommt. In Wirklichkeit klingt sie aber eher wie eine frühe »Minstrel-Show«-Musik. (Eine als Neger kostümierte Kapelle, die Negerlieder singt.)

Es ist schwer zu sagen, warum dies minstrelartig ist, höchstens vielleicht wegen der kurzen Vorschläge in der Violinstimme:

Es ist genauso oberflächlich zu sagen, dies sei amerikanisch, weil die Melodie »Three Blind Mice« in der Musik vorkommt:

»Three Blind Mice« war überhaupt ursprünglich ein britischer Kanon; außerdem hören wir die Melodie einige Takte später in durchaus tschechischem Geist:

Das ist das ganze Material des vierten Satzes, und es ist wie alles vorher genau nach traditionellen europäischen Mustern entwickelt. Vielleicht sollte man hier, apropos traditioneller Muster, etwas über das »zyklische Vorgehen« Dvořáks erwähnen – eine Kompositionsweise, die er von Beethoven, Schumann und Berlioz geerbt hat. Es bedeutet, daß aus früheren Sätzen der Symphonie in den späteren die Themen in verschiedenen anderen Formen wiederkehren, was zwischen den Sätzen eine oberflächliche Einheit herstellt und oft dramatische Effekte schafft. Dvořák hat in diesem Werk das Hauptthema aus dem ersten Satz im zweiten wiederholt und Themen aus den beiden ersten Sätzen im dritten Satz wiedergebracht. Im vierten und letzten Satz kommen Melodien aus allen drei vorangegangenen Sätzen tatsächlich immer wieder vor, und zwar in solchem Ausmaß, daß manche Kritiker über dieses Finale Böses sagten. Aber vielleicht konnte Dvořák eben den Weg nicht finden, dieses Werk zu beenden; er liebte es offensichtlich zu sehr, um sich davon zu trennen. Da folgt eine Coda nach der andern, und wenn man schon glaubt, jetzt ist es fertig, entschließt sich der Komponist, noch einmal zu kommen und uns nochmals an ein Thema aus einem früheren Satz zu erinnern. Und wenn er endlich den letzten, jubelnden Akkord erreicht, verlangt es ihn nach einem Diminuendo, so daß das Werk nach dem ganzen großen Aufbau leise endet, als sähe es Dvořák höchst ungern, daß nun Schluß damit sei.

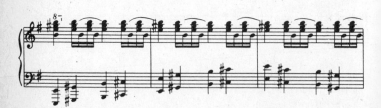

Hier, ganz am Ende des Werks, wo ein »boogie-woogie« (!) Baß zu hören ist, finden wir den letzten noch möglichen Anspruch auf »Americana« in der Symphonie »Aus der Neuen Welt«.

Natürlich ist das Unsinn, aber nicht mehr Unsinn als die These, daß dieser Baß in Wirklichkeit ein Zitat ist, und zwar: »I'll Be Down to Get You in a Taxi, Honey.«

Nun, hier haben wir sie – eine »Neue Welt«-Symphonie aus der »Alten Welt«, voll von Alte-Welt-Traditionen. Genießen wir sie als eine schöne, rührende europäische Komposition, aber erwarten wir nicht, daß sie amerikanisch sei oder daß sie den amerikanischen Komponisten den Weg weise. Dafür müssen wir ein Vierteljahrhundert überspringen, bis zu Gershwin, Copland und Harris. Aber das wäre ein ganz anderes Kapitel.

Tschaikowsky: Symphonie Nr. 6 in h-Moll
Opus 74 »Pathétique«

Andante (teneramente, molto cantabile, con espansione)

Hier ist nun wirklich eine Melodie, ein reiner Orchestergesang, der bis zu den entferntesten Grenzen der zivilisierten Welt bekannt und beliebt ist. Für viele Menschen bedeutet diese Reihe von Noten tatsächlich ein Synonym für das Wort »Melodie«; ihre unmittelbare Anziehungskraft, ihre steigende und fallende Linie, ihre Sehnsucht und Resignation, all dies kennzeichnet das typische Wesen der späten Romantik.

Beinahe alle Leute sind sich einig, daß Tschaikowsky ein unübertrefflicher »Themenbildner«, ein »Modelleur« wirkungssicherer Melodien war, dem kein zweiter gleichkam. Er hat wirklich »Tin Pan Alley« mit viel freiem, gewinnbringendem Material versorgt. Aber manche Intellektuelle und seriösere Musikliebhaber stellen immer eine anzügliche Frage:

164

»Ist Tschaikowsky wirklich ein Symphoniker?« Sie sagen: »Wenn er ein so außerordentlich melodienreicher Komponist ist, warum blieb er nicht dabei, Lieder oder bestenfalls Opern zu komponieren? Was soll dieser Gesang überhaupt in einer Symphonie? Ist dies wirklich ein symphonisches Thema?« Darauf muß man antworten: »Nein.« Es wird nie richtig auf symphonische Art entwickelt – denn was das betrifft, erscheint es im ersten Satz als zweites Thema, und dann kehrt es pflichtschuldig in der Reprise wieder. Das ist alles. Wird es dadurch zu symphonischem Material? Ist dann diese »Pathétique« wirklich eine Symphonie? Ja. Schauen wir, warum.

Wenn wir das Werk einmal durchgehen, finden wir darin tatsächlich nur diese eine Melodie, die nicht im symphonischen Sinn »thematisch« ist: alle andern Melodien haben viel mehr von der Natur symphonischer Themen an sich, das heißt, sie bestehen aus kurzen Motiven oder Figuren, die auf zahlreiche Arten geändert werden können, um eine symphonische Verwandlung durchzumachen. Es sind nicht Melodien, die man einfach so vor sich hinpfeift.

Sehen Sie zum Beispiel diese langsame Einleitung an:

Dies ist eher ein Motiv als eine Melodie:

– ein Motiv, das sich in aufsteigender Linie wiederholt:

Daraus entsteht das erste Thema des Allegro-Abschnitts. Gewiß nichts zum Pfeifen:

Wir lassen für den Augenblick das zweite, bereits besprochene Thema aus und kommen zu einem Durchführungsabschnitt, der beinahe zur Gänze den Motiven des ersten Themas gewidmet ist. Es gibt keine weiteren solchen Themen. Wie Sie sehen, befaßt sich der größte Teil des ersten Satzes ganz und gar nicht mit reinem Gesang. Wir könnten auch die andern drei Sätze auf dieselbe Weise durchnehmen und würden mehr oder weniger auf gleiche Funde stoßen; und es stellt sich heraus, daß die Symphonie wirklich symphonischeren Charakter besitzt, als die Kritiker behaupten. Es kommt in dem ganzen Werk nur eine einzige *pop*-Melodie vor.

Worüber machen die Kritiker also nun so ein Geschrei? Warum beurteilen sie Tschaikowsky so streng? Sie würden antworten, es sei eine Sache der »Form«, des unumgänglichen formalen Flusses, der eben die Beethoven-Symphonien so großartig macht. Die Kritiker heben hervor, daß bei Beethoven H aus A fließt, C aus H und D aus C, wobei man das Gefühl bekommt, nichts hätte an irgendeiner Stelle anders herauskommen können. Bei Tschaikowsky hingegen kann, wie sie sagen, überall alles passieren. In einem gewissen Sinn haben sie recht. Tschaikowsky geht wohl in formaler Hinsicht irgendwie akademisch vor und folgt den breiten Linien, die von den deutschen Meistern festgelegt waren, aber er benützt diese Linien – melodisch oder dramatisch – eher für seine eigenen Zwecke, als daß er aus dem Material selbst eine originale Sonatenform schafft.

Das ist auf dem Gebiet höherer Kritik zwar interessant, aber es hat keineswegs zur Folge, daß seine Symphonien deshalb irgendwie weniger Symphonien wären. Sie gehören bloß zu einer andern Kategorie, sind aus andern Eingebungen geboren – ihre Dramatik ist unmittelbarer, sie enthalten schlagendere Gegensätze und auffallendere Gegenüberstellungen und sind eher mannigfaltig als einheitlich. Auf ihren Platz in der Geschichte gestellt, auf dem Höhepunkt der Romantik des 19. Jahrhunderts, besitzen sie ihren eigenen Wert.

Aber diese Argumente allein würden den Wert der Symphonien von Tschaikowsky nicht aufrechterhalten. Welche Beweisgründe man auch anführen kann, eine gewisse Einheitlichkeit muß vorhanden sein – irgendein Element echter Form –, das Gefühl des Vorwärtsschreitens, das aus jeder guten Symphonie eine Art Einzelreise durch die Zeit macht. Das hat Tschaikowsky wohl, aber auf seine eigene Weise. Was diese vier Sätze der »Pathétique« wirklich zu einer Einheit zusammenschmiedet, ist die innere Beziehung des Stoffes, die Gleichartigkeit der thematischen Einfälle, die Brüderschaft der Themen untereinander. Es gibt einige bestimmte Elemente, die den Stoff dieses Werks vereinigen, und das hauptsächlichste davon ist die andauernde Benützung von auf- oder absteigenden Skalen; aber meistens gehen sie abwärts, was ja in einem sogenannten »pathetischen« Stück natürlich ist.

Als ich das Werk zum erstenmal studierte, war ich höchst erstaunt darüber, wieviel in dieser Symphonie von einfachen Skalen abgeleitet ist. Aus ihnen heraus wachsen Themen, Motive, Figurationen, Kontrapunkt, Baßlinien und sogar Melodien. Wenn wir an den Anfang zurückgehen, finden wir, daß die langsame Einleitung sofort ein Skalenmotiv bringt:

Skalenartig aufsteigend, wie wir schon bemerkten:

Wenn dieses Motiv zum Hauptthema wird, schreitet es in reinen absteigenden Skalen aus acht Tönen fort.

167

Der erste Höhepunkt wird von einer aufsteigenden, gefolgt von einer absteigenden Skala erzielt:

Jetzt kommt eine Episode, in der wieder die absteigende Skala, mit dem Baß und dem Diskant abwechselnd, die Führung hat:

Eine noch größere Steigerung wird nun dadurch erreicht, daß stufen-
weise Motive ebenso verwendet werden wie ganze abwärts eilende Skalen:

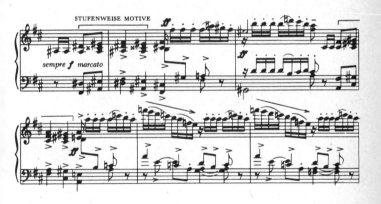

Wenn diese ganze Skalenraserei sich endlich gelegt hat, sind wir für die
Einführung unseres bekannten Volksliedthemas bereit. Sogar dieses beginnt mit drei Noten einer absteigenden Skala:

Auch die Fortsetzung der Melodie ist auf einer Skalenbewegung aufgebaut:

Jetzt kommt eine Überleitung mit mehr Pulsschlag; und diesesmal besteht das hauptsächliche Material aus aufsteigenden Skalen:

In der weiteren Fortsetzung bringt Tschaikowsky sogar einen Kontrapunkt im Blech mit einer langsameren aufsteigenden Skala hinein, so daß wir Skalen innerhalb von Skalen hören:

Die Exposition der Themen ist jetzt vollständig, und es scheint, wir haben nichts als Skalen gehört. In Wirklichkeit ist es aber viel interessanter, denn Tschaikowsky behandelt diese einfachen Skalen auf sehr viele verschiedene Arten.

Stürmisch bricht jetzt die Durchführung aus, und Tschaikowsky beginnt, das erste Thema zu entwickeln:

indem er daraus eine fugenartige Passage macht; aber er benützt dabei als Gegenthema – Sie erraten es – eine Skala:

Dieses ganze Fugato ist tatsächlich auf einer kletternden Skalenbewegung aufgebaut:

Doch auf dem Höhepunkt angelangt, übernimmt die absteigende Skala die Führung:

Man könnte auf diesem Weg fortfahren, den ganzen Satz hindurch unzählige Verwendungen von Skalen – meistens absteigenden – zu finden, doch ich glaube, wir haben es bereits erfaßt. Beachten wir nur die Ostinato-Figur, die am Schluß des Satzes von den Streichern pizzicato gespielt wird, wie eine ruhig endende Aufstellung dieses Materials unter einem Chor von Blechbläsern:

– und so fort bis zum Schluß des Satzes.

Nun würde man denken, Tschaikowsky habe den Einfall der Tonleiterverwendung zu seiner und des Hörers Zufriedenheit wirklich ausgebeutet; aber nein, er hat erst damit angefangen. In den drei übrigen Sätzen benützt er ununterbrochen Skalen, nicht nur als Figurationen, sondern als Themen selbst. Der zweite Satz beginnt in der Tat sofort mit einer reizenden Melodie im Fünfvierteltakt, die aus auf- und absteigenden Dur-Tonleitern gebaut ist:

Später begleitet er dieses bereits skalenartige Thema mit schnelleren Pizzicato-Tonleitern.

174

Für den Mittelteil dieses liedartigen Satzes komponiert er eine kontrastierende, schmachtende Melodie, die wieder aus einer unterbrochenen, absteigenden Skala über einem wiederholten Paukenschlag besteht.

Die Coda dieses Satzes ist beinahe eine Tonleiterübung: absteigende Skalen aus gehaltenen Tönen in den Bläsern gegen aufsteigende, fließendere in den Streichern:

Wenn wir jetzt zum berühmten dritten Satz übergehen – dem großen Marsch, bei welchem das Publikum immer applaudiert, bevor die Symphonie noch zu Ende ist –, finden wir jagende, sich überstürzende, ja pfeifende und fliegende Tonleitern während des ganzen Satzes. Hier sind einige Beispiele:

1. Im allerersten Thema besteht der vierte Takt aus zwei herunter-
sausenden Skalenfragmenten:

Hier sind diese Skalen im Zusammenhang:

2. Später benützt er die Skalen auf folgende Weise:

3. Jetzt beachten Sie die absteigende Skala, welche das neue Thema begleitet:

Und dann den wahren Orkan von Skalen auf dem Höhepunkt:

Und jetzt das große Finale der Tonleitern am Schluß des Satzes:

Wenn Ihnen dies alles wie eine Symphonie aus Skalen zu klingen beginnt, dürfen Sie nicht vergessen, daß ich nur diese Passagen heraushole, die sich auf die Feststellung, die ich machen will, beziehen; anstatt Tschaikowsky wegen der von ihm benutzten primitiven Elemente zu verdammen, sollten wir ihn bewundern und dafür loben, daß er sie so sinnreich auf die verschiedensten Arten verwendet. Die bewundernswerteste Skala von allen sehen wir vielleicht im letzten Satz, dem trauernden Adagio, welches der Symphonie ihren Namen »Pathétique« verleiht. Es war kühn und tapfer von Tschaikowsky, eine Symphonie mit einem tragischen, langsamen Satz zu beenden – vielleicht geschah es auch willkürlich und mit Absicht; aber es kommt gut heraus und ist erstaunlich wirkungsvoll. Und einer der Gründe, warum dieses Finale trotz seines ungewöhnlichen Tempos und Standpunkts nicht als Fremdkörper erscheint, ist die Verbindung zu den zugehörigen Sätzen durch die gleiche Benutzung der Skalenbewegung. Man bekommt Ehrfurcht vor Tschaikowsky, wenn man überlegt, was er aus den Tonleitern, die Pianisten, Sängern und Geigern täglich als Übung dienen, herausbringen konnte: einen dramatischen ersten, einen anmutig versonnenen zweiten Satz, einen brillanten Marsch, und nun diesen herzbewegenden Klagegesang.

Diese Klage ist um zwei Themen herumkonstruiert, beide aus der absteigenden Skala entwickelt, welche die natürliche Richtung von Tonleitern in einer pathetischen Symphonie ist. Das erste Thema ist dieses:

Das zweite Thema ist dieses:

Beide Themen sind aus absteigenden Tonleitern gebildet, aber wie verschieden sind diese Themen doch; das erste tönt qualvoll und verzweifelt, das zweite edel und resigniert. Dazwischen und drumherum gibt es reichlich andere Tonleiterpassagen: düstere, singende, klagende. Wir wollen vielleicht nur den sich steigernden Abschnitt vor der Reprise zitieren, in dem sich die Skalen, ähnlich wie im vorhergehenden Marsch, zu einem Wirbel beschleunigen:

Und die beinahe letzten Töne, die Sie in der Symphonie hören, sind sterbende Echos der absteigenden Skala:

Ich möchte aber nun nicht in Ihnen den Eindruck erwecken, die Skalen seien die einzige vereinende Kraft in diesem Werk. Es gibt da noch andere Kräfte, die hauptsächlichste darunter ist die frische, ursprüngliche Verwendung des Quart-Intervalls:

Dieses Intervall ist in der westlichen Musik allgemein gebräuchlich, beinahe könnte man sagen grundlegend, da die beiden Töne, um die es sich handelt, zueinander eine starke diatonische Beziehung haben:

Denken Sie an Hornrufe, wie zum Beispiel den Zapfenstreich:

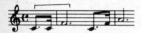

Oder das Thema aus »L'Arlésienne« von Bizet:

Aber Tschaikowsky verwendet die Quart auf neue Weise: er baut Quarten auf Quarten auf:

Oder in der absteigenden Version:

– und schafft damit einen Klang, der Hindemith und viele andere Musik des 20. Jahrhunderts vorausahnen läßt.

182

Schauen Sie dieses Stückchen des Durchführungsabschnitts im ersten Satz an und beachten Sie die absteigenden Quarten im Blech:

Dieser Teil hat mir immer einen blendenden und gewagten Eindruck gemacht.

Aber Tschaikowsky ist nicht davon befriedigt, diese Quartenkonstruktionen nur an einer Stelle zu verwenden; er benützte sie als vereinenden Faktor durch das ganze Werk hindurch. In der Reprise des ersten Satzes finden wir den folgenden, leidenschaftlichen Abschnitt, der seinen Höhepunkt aus aufsteigenden Quarten bildet:

Erkennen Sie die Intervalle?

Auf diesen Intervallen baut er sein Motiv auf:

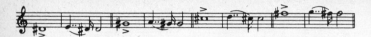

Aber das richtige »Quartenfest« spielt sich im dritten Satz ab, im Marsch.
Das Hauptthema besteht aus diesen beiden Quarten:

so zusammengestellt, daß eine Ihnen allen bekannte Melodie entsteht:

Sie ist zu Beginn nur zusammen mit den funkensprühenden Pizzicati von
absteigenden Quarten darüber angedeutet:

aber später erscheint sie als volle Marschmelodie:

Zuerst jedoch hat Tschaikowsky noch etwas über die Quart zu sagen. Da gibt es eine pikante Melodie, Pizzicato mit Piccolo, welche Quarten mit unserer alten Freundin, der Tonleiter, kombiniert:

Sie sehen, wie er drei Quarten aufeinanderschichtet wie Bauklötze, um diesen bemerkenswerten Klang zu erzeugen:

Wenn es dann zur Entwicklung der Marschmelodie kommt, werden wir mit Quarten überschwemmt, die über das ganze Orchester hereinbrechen:

Es ist, als richte er ganze Pyramiden von Quarten auf.

Etwas kunstvoller werden die Quarten im letzten Satz verwendet, wo beide Themen so geschrieben sind, daß sie in diesem Intervall liegen. Die Anfangsphrase des ersten Themas:

186

hat eine erste und eine letzte Note:

welche eine Quart ergeben; und dasselbe geschieht beim zweiten Thema:

Die erste Phrase davon liegt zwischen diesen beiden Polen:

wieder eine Quart auseinander.

Man könnte fortfahren, noch viele Beispiele zu zeigen, aber wir haben jetzt genug für unsere Feststellungen. Es sind jedoch noch andere vereinende Kräfte in diesem ungewöhnlichen, mächtigen Werk zu erwähnen: die ständige Verwendung dunkelgefärbter Töne in den Bratschen, Celli und Fagotten, und die besonders düsteren tiefen Hörner, was dem Werk ein außerordentliches Pathos verleiht. Man könnte auch wieder vom durchgreifenden Gebrauch der Dissonanz sprechen:

welche über die ganze Musik Schmerz verbreitet. Es gibt noch viele andere Elemente, die zu sehr in die Technik gehen, um sie hier zu behandeln; aber was wir bis jetzt durchgenommen haben, sollte uns schon mit genügend Waffen gegen die Angreifer Tschaikowskys versehen, damit wir nicht zugeben müssen, daß er kein symphonischer Komponist ist. Der Sinn für die Form ist überhaupt eine heikle und schwer faßbare Sache und wirkt sich auf viele verschiedene Arten aus. Der Weg Tschaikowskys zur Einheitlichkeit mag nicht derselbe sein wie der Beethovens, aber er ist um nichts weniger wertvoll, mitteilsam und zutiefst bewegend.

187

Sinfonia eroica

Composta

per festeggiare il sovvenire di un grand'uomo

dedicata

a Sua Altezza Serenissima

IL PRINCIPE DI LOBKOWÍTZ

da

LUIGI van BEETHOVEN

Op. 55.

Nº III.   Prezzo 18 Fr:

Partizione.

BONNA e COLONIA presso N. SIMROCK.

Beethoven: Symphonie Nr. 3 in Es-Dur
Opus 55 »Eroica«

Einfachheit, die Einfachheit selbst wird offenbar. Im ganzen Reich der Kunst wird man keine Einfachheit finden, welche derjenigen Beethovens gleichkommt. Es ist eine Einfachheit, die um so reiner strahlt, je verworrener die menschlichen Gefühle sind, die sie umfaßt. Denn Beethoven wußte wie der größte aller Propheten und Lehrer das Wesentliche und grundlegend Wahre aus der Luft zu pflücken und daraus einen höchst komplexen Aufbau zu konstruieren, der alle menschliche Erfahrung in sich einschließt.

Dieses Thema ist eine Aussage, eine nackte Tatsache. Beethoven begann immer mit einer Tatsache, mit einem Grundsatz; und seine Kunst besteht darin, diese Tatsache mit so weltweiter Größe der Vorstellungskraft zu prüfen, daß der Grundsatz zum echten Erlebnis wird. In diesem Sinne ist die »Eroica« vielleicht das überragendste Beispiel, und indem wir sie, wenn auch nur knapp, analysieren, werden wir versuchen, etwas vom großen Geheimnis der Sprache Beethovens zu verstehen: von der Vermählung der Einfachheit mit der Komplexität.

Wir beginnen am Anfang, mit jenen beiden klangvollen Peitschenhieben, welche die Förmlichkeit des 18. Jahrhunderts zerschmettern:

Beethovens Vorgänger, Haydn und Mozart, hielten auch viel davon, eine Symphonie mit dem befehlenden Ton, einer großen Verkündigung von etwas Kommendem zu beginnen. Doch Beethoven verkündet etwas auf einer Größenstufe, die den andern unbekannt war. Er kündigt ein Heldenwerk, ein Denkmal an. Es genügt nicht, daß bei seiner Ankunft die Dachsparren des Konzertsaals erzittern; auch die ganze Welt muß erbeben. Denn Beethoven war sogar in seiner besten Verfassung nicht imstande, eine nebensächliche Bemerkung zu machen; er schien immer etwas Wichtiges festzustellen. Mit den einfachsten Noten, die in den Händen anderer Komponisten erfreuend, rührend oder stark sein mögen, bringt Beethoven es fertig, etwas Bedeutendes, Bemerkenswertes zu sagen. Man könnte diese beiden schmetternden Eröffnungsakkorde einfach »dekorativ« nennen, da sie nicht streng thematisch sind; aber sie bilden eine großartige Dekoration, wie zwei mächtige Säulen am Eingang eines großen Tempels:

Und was sind diese beiden so befehlenden und mutigen Akkorde? Einfache Dreiklänge in Es-Dur.

Die physikalischen Gesetze der Musik sind so eingerichtet, daß die Dreiklänge als diejenigen Akkorde gelten, auf denen unsere klassische westliche Musik zu ruhen kam. Alle primitiven Blasinstrumente zum Beispiel bringen automatisch die Töne des Dreiklangs, der sich aus dem

Grundton des Instruments bildet, hervor. So entstehen die Hornrufe. Ist ein Horn so gebaut, daß sein Grundton *Es* ist:

dann kann der Hornist mit Lippenbewegungen die Obertöne dieses *Es* produzieren, und diese bilden den Dreiklang. Es gibt nur drei verschiedene Töne, aber diese wiederholen sich, sooft der Hornist höher bläst:

Aus diesen drei verschiedenen Tönen entsteht die »Reveille«:

der »Zapfenstreich«:

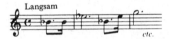

der Ruf zur »Verpflegung«

und viele andere Signalrufe. Und auch das Hauptthema der »Eroica« entsteht aus dem einfachen Dreiklang:

Das bringt uns wieder zu dem wichtigen Element, dem Grundmaterial der Musik, zurück – zur Einfachheit. Beethoven nahm einen Dreiklang und eine Reihe von Noten, die nicht einfacher sein könnten, und machte daraus ein Thema, das man an sich vielleicht nicht als besondere Melodie bezeichnen würde. Der Wert dieses Themas liegt nicht hauptsächlich in seiner Melodie; er liegt in seinen Entwicklungsmöglichkeiten. Aus dem bloßen Vorhandensein des Hornrufs wird Beethoven seinen großartigen, komplexen Aufbau entwickeln.

Wie macht er das? Er nimmt das Grundmaterial, belebt es, bringt es auf außergewöhnliche neue Art zum Wachsen, mit ständigen Überraschungen, Wendungen und neuartigen Entdeckungen darin. Dieses Element des Unerwarteten wird mit Beethoven so häufig in Zusammenhang gebracht. Aber mit der Überraschung allein ist es noch nicht genug; ihre Größe liegt darin, daß die Überraschung, so aufwühlend und unerwartet sie kommen mag, sobald sie da ist, immer den Eindruck macht, es sei das einzig Mögliche, was in diesem Augenblick geschehen könne. Der Grundton heißt Unvermeidlichkeit. Es ist, als ob von Beethoven ein innerer Weg zur Wahrheit und Richtigkeit führte, so daß er die erstaunlichsten und unvorhergesehensten Dinge mit absoluter Autorität und Überzeugungskraft sagen konnte.

Die erste Überraschung kommt nach Einsetzen des Themas:

Dieses *Cis* ist gewiß die letzte Note, die man hier erwartet hätte, doch es ist die Note, die den ersten neuen Lichtstrahl auf das Grundmaterial der vorangegangenen beiden Takte wirft. Es ist eine Verrenkung – eine willkürliche, unvorbereitete Abweichung von der Grundform des Themas. Was wurde damit erreicht? Man gab uns die Anlage des ganzen Werks bekannt, sie heißt: Kampf. Noch bevor acht Sekunden von der Musik vorbei waren, wurden wir bereits in einen Konflikt hineingezogen; schlagartig war etwas Ausgefallenes eingedrungen; und dann kämpften wir uns innerhalb der nächsten acht Sekunden ins Normale zurück.

Aber wir wissen, was uns bevorsteht; dieser erste Satz wird eine Schlacht werden.

Haben Sie bemerkt, auf welche Weise wir in dem eben besprochenen Abschnitt zur Grundform zurückkehrten? Da gibt es zwei Takte lang ein Crescendo, und genau im Moment, da wir dessen Gipfel erreichen und wieder bei unserem bequemen alten Dreiklang landen sollten, fällt die Klangfülle plötzlich auf eine sehr sanfte Ebene hinunter:

Wieder ist es eine Überraschung, diesmal eine dynamische, nicht in den Tönen, sondern in der Intensität. Wir werden diese Schocks alle paar Takte erleben – immer ist da etwas Hemmendes und Unvorhergesehenes –, und jedesmal werden wir spüren, daß es richtig ist.

Nun fährt Beethoven fort, sein Dreiklang-Thema zu verbreitern:

Aber was für Erschütterungen haben wir jetzt erlebt? Rhythmische. Wieder findet Beethoven neue Bedeutungen in seinem Grundmaterial. Eines dieser Grundelemente ist der Takt; der ganze Satz geht in raschen Dreiergruppen vor sich: 1–2–3, 1–2–3, 1–2–3, weiter und weiter. Das Hauptgewicht liegt natürlich auf dem 1: *1–2–3, 1–2–3,* wie bei einem Walzer. Doch jetzt werden wir plötzlich von verschobenen Akzenten getroffen, von einer Art Synkopierung, und die Musik tönt nun: 1–*2*–3, 1–*2*–3, anstatt des normalen *1–2–3, 1–2–3:*

Dann geht er weiter und arbeitet es noch kunstvoller aus:

194

Jeder verschobene Akzent ist ein Schock, aber alle die Schocks sammeln sich zu einem Impetus, der echter Beethoven ist – aufregend, neu und kraftvoll. Alles durch eine einfache Variation der Art, das »1, 2, 3« zu betrachten.

Diese synkopierte Passage führt uns zum Tutti-Einsatz:

und wir sind jetzt bereit, diese Grundform zu verlassen, um neues Material, neue Tonarten und neue Themen zu suchen. Das Übliche an dieser

Stelle im ersten Satz einer klassischen Symphonie ist, jetzt mit einer Überleitung zu beginnen, die zum zweiten Thema führt. Aber der Gigant Beethoven beschenkt uns mit nicht weniger als drei durchschlagskräftigen Überleitungsgedanken, von denen jeder einzelne bedeutungsvoll genug ist, allein als Thema zu gelten; und erst dann gelangen wir zum eigentlichen zweiten Thema. Heißt das, Beethoven gehe leichtsinnig und verschwenderisch mit dem Material um? Im Gegenteil, jede Idee hat Gehalt, bringt niemals eine Note mehr, als der Augenblick tatsächlich erträgt, und jede Note ist im ganzen Aufbau sorgfältig an ihren Platz gesetzt wie ein Steinchen in einem Mosaik. So haben wir eine dreifache Überleitung, aber der ganze Abschnitt ist weniger als vierzig Takte lang. Die Überleitung beginnt mit diesem lyrischen Motiv:

Das zweite Element entspringt dem ersten und kehrt die Abwärts-Skala, aus der es stammt, wieder nach aufwärts zurück:

Und jetzt das dritte Element (denken Sie daran, wir sind immer noch in der Überleitung von Thema I zu Thema II):

Endlich sind wir nun für das zarte, sehnsuchtsvolle zweite Thema bereit:

Leichtsinnig? Ja, es könnte so scheinen. Wozu braucht er all die Über-leitungen? Experimentieren wir einen Moment lang und schauen wir, wie die Musik weitergeflossen wäre, hätte er bloß die erste Überleitung verwendet. Sie werden sehen, daß es tatsächlich sehr gut ginge, den zwei-ten und dritten Teil auszulassen; die Tonartenfolge ist richtig; sogar die Orchestrierung ist ohne weiteres möglich. Es würde so klingen:

Ausgezeichnet, sagen Sie? Jawohl; aber nicht gut genug für Beethoven. Denn er, mit seiner göttlichen Sensibilität, hat erkannt, daß das lyrische Überleitungsmotiv das noch lyrischer empfundene zweite Thema nicht wirkungsvoll genug in Erscheinung treten ließe. Was er braucht, ist ein kontrastierender Hintergrund für dieses »Sehnen«, eine Art von Kampfgeist – des Kampfes, von dem wir sprachen –, damit die Zartheit, die jetzt als Gegensatz kommen soll, sich besser abhebt. Dieser Hintergrund ist durch den erregten dritten Abschnitt sehr gut gebracht, so daß das Thema, wenn es endlich da ist, in neuen, erfrischenden Glanz gehüllt zu sein scheint.

Aber selbst dieser Kontrast genügt Beethoven nicht. In dem zweiten Thema, das wir eben gehört haben, dauert die gedankenvolle, sehnsüchtige Stimmung bloß über sechzehn Takte an, bis sie plötzlich in Angst erstarrt wie ein wildes Tier, das Gefahr wittert und sich aufbäumt.

Sehen Sie, wie ihn sein Gefühl für Kampf und Auseinandersetzung weiterträgt? Er kann die menschliche Beschaffenheit in dieser Musik nicht, wie es gerade kommt, unberührt stehen lassen. Es gibt keinen Status quo: immer taucht neue Gefahr auf, gefolgt von nur allzu kurzer Entspannung; immer wieder die Herausforderung und dann das Hinausreiten, um ihr mit einem gewaltigen Kriegsruf zu entgegnen.

Diese frischen Elemente sind so zahlreich, daß die Wahl daraus schwerfällt. Nehmen wir die berühmten gehämmerten Akkorde am Ende der Exposition, die sogenannte »barbarische Dissonanz«:

Wieder behandelt Beethoven grundsätzliche Gegebenheiten der Musik – Tonika und Dominante:

200

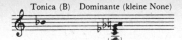

Aber er hat einen neuen Weg gebahnt und einen neuen Klang gebildet, indem er einfach Tonika und Dominante miteinander verbunden hat und damit das Gefühl von »Ziehen« und »Zerreißen« erweckte.

Wieder im Durchführungsabschnitt, breitet er sich auf jenem ersten Motiv aus, das wir so gut aus der Überleitung kennen:

Aber er gibt uns nicht nur eine fachgemäße Behandlung des Motivs durch Imitation, wie viele andere Komponisten es auch täten, sondern er belebt es auf seine persönliche Art, indem er es mit kleinen, aufstachelnden Akzenten in den andern Stimmen umgibt, als ob er diese einfache, lyrische Weise mit Speeren und Pfeilen bewerfen würde. Sie kommen von überallher geflogen: von den Violinen, dann von der Oboe, dem Fagott, von der Klarinette, der Flöte, den Kontrabässen – von allen Seiten, aus der Höhe und aus der Tiefe; und irgendwie spürt man den Kampf mit beinahe physischer Deutlichkeit:

201

202

Inmitten dieser rasanten Entwicklung, nachdem Beethoven soeben eine aufwühlende Passage beendet hat, die uns Hiebe und Stöße versetzt und mit Dissonanzen und versetzten Akzenten an uns herumreißt: –

– macht er jetzt etwas ganz Besonderes: er führt ein nagelneues Thema ein. Nach strenger Regel sollten in der Durchführung Themen, die in der Exposition bereits aufgestellt wurden, entwickelt werden. Aber der Riese in Beethoven fängt nochmals mit einer neuen, beinahe elegischen Melodie an, die wie ein Klagegesang an einer verwüsteten Brandstätte ertönt:

Wieder stellt sich heraus, daß das neue Material nötig war, um als »Platt-form« für die Rückkehr des Originalthemas zu dienen:

Gigantisch, jawohl; alles ist ein wenig mehr, ein wenig größer, ein wenig länger, ein wenig stärker, aber um keine einzige Note zuviel.

Später erscheint dieses Extrathema noch einmal in der gewaltigen Coda, welche diesen Satz beschließt, und es bewirkt, daß es eine alle an-dern an erhabener Größe übertreffende Coda wird.

Diese ungeheure Größe empfinde ich auch immer besonders stark im zweiten Satz – im großen Trauermarsch –, wo man die wunderbare Voll-kommenheit in einem anscheinend riesigen, sich schlängelnden, langsa-men Satz findet. Es kommt einem fast unmöglich vor, daß in einem Trau-ermarsch ein solches Vorwärtsdrängen herrschen kann, besonders in einem, der so kunstvoll und so ausgedehnt ist. Aber jedesmal, wenn man sich sagen möchte: »O nein, er kann doch dasselbe Thema nicht nochmals benützen, ich kann es einfach nicht mehr durchhalten« –, kommt er sofort mit einer höchst einfallsreichen Überraschung und verwandelt das, was ein Wiederholungsmoment hätte sein können, in einen blendenden Höhepunkt.

Dies kommt im Trauermarsch tatsächlich viermal vor. Zum erstenmal hier (gerade haben wir den langen ersten Eintritt des düsteren Themas hinter uns):

mit all seinen Wiederholungen und Wiederaufnahmen; wir haben auch den kontrastierenden Mittelteil, das Trio, in seiner erfrischenden Dur-Tonart beendet:

und wir sind in die Schwermut des Anfangs zurückgekehrt. Das Übliche in einem dreiteiligen A–B–A Satz wäre jetzt, den ersten Teil zu wiederholen, einen Schluß hinzuzufügen, und damit fertig. Aber nicht Beethoven, niemals Beethoven. Er kehrt zwar zu seinem ersten Teil zurück, doch er fängt jetzt erst an, uns seine Geheimnisse zu verraten.

Wir erwarten alle, einfach das Thema nochmals zu hören, vielleicht wie üblich, da es anfänglich so ein langes Thema war, diesesmal etwas verkürzt. Aber nein, er bereitet eine Durchführung vor, die nicht vorauszusehen war, und ohne irgendeine Ankündigung bricht er in ein erstaunliches, äußerst kräftiges Fugato von höchster Spannung aus:

Wieder sind wir, anstatt einfach die Wiederholung einer Melodie anzuhören, vom Zauber Beethovens gefangengenommen.

Wenn dann das Fugato fertig und die Spannung wieder zum Geflüster des Anfangs abgeklungen ist, stehen wir nochmals der Aussicht gegenüber, die ganze Melodie endlich zu hören. Aber was geschieht? Kaum hat

206

die Melodie begonnen, wird sie schleppend und verflüchtigt sich wie ein dünner »Rauchstreifen«.

– und plötzlich, Wums!

Es ist das einzige, das hätte geschehen können und müssen. Wieder sind wir in einem Augenblick erwarteter Entspannung von Beethovens zermalmender Kraft und seiner beinahe übermenschlichen Steuerung auf unsere Sitze festgenagelt worden.

Dann, und erst dann, kommt die Wiederholung des früheren Materials, aber variiert und verziert mit immer steigender Bewegung, so daß es niemals matt wird.

Die dritte große Überraschung in diesem Satz ist die Coda. Beethoven ist endlich mit all den Reprisen des Marsch-Themas fertig, und wir haben das Gefühl, uns dem Schluß zu nähern. Aber gerade jetzt bringt er wieder eines dieser göttlichen Stimulanzien hinein, geht in eine absolut neue Tonart über und beschert uns auf einfachste und auch völlig unerwartete Weise einen Augenblick so seltenen Friedens und Strahlens, daß wir in Demut und Verehrung niederknien möchten:

Und wenn wir die Marschmelodie schließlich zum letztenmal hören, sehen wir sie anstatt als einfache Reprise buchstäblich vor unseren Augen in Fragmente zerfallen, wie die Rede eines Menschen, der, vom Schmerz übermannt, nur mit Mühe und um Atem ringend weitersprechen kann.

Wir haben soeben die vielleicht herrlichsten Sätze aller symphonischen Musik analysiert. Viele Kritiker, sogar solche, die Beethoven verehren, haben das Gefühl, daß die »Eroica«-Symphonie hier zu verlieren beginnt, da die folgenden beiden Sätze den zwei ersten unmöglich gleichkommen können. Mit einem oberflächlichen Urteil mögen sie recht haben, daß wirklich beinahe alles nach diesem gewaltigen ersten Satz und dem hochtrabenden Trauermarsch abfallend erscheinen muß. Aber in einem tieferen Sinn hatte Beethoven recht, und sie haben unrecht. Mit seinem hervorragenden Gefühl für die Regelung der Zeit und des Tempos wußte er, daß der Zuhörer an dieser Stelle eine Erholung – zumindest von der *quantitativen* Größe der beiden vorhergehenden Sätze – brauchte; und deshalb bringt er uns jetzt ein ziemlich kurzes, anregendes Scherzo, das außerordentlich gut paßt. Doch die *qualitative* Größe wird beibehalten; das Scherzo ist lebendig, von Schauern und Beben erfüllt, wie durch eine tiefe, unterirdische Erschütterung:

Was ist es, das dieser Musik eine solche Kraft und verhaltene Spannung verleiht? Das Scherzo ist in einem schnellen Dreitakt geschrieben: 1–2–3,

1–2–3. Sie erinnern sich, daß wir früher von dem natürlichen Akzent, der immer auf 1 fällt, gesprochen haben, *1–2–3*, *1–2–3*, und so fort? Aber hier wechselt Beethoven zwei verschiedene Akkorde Schlag für Schlag, so daß wir den Eindruck eines Zweitakts erhalten:

Dieser zweifache Wechsel hat den Hang, das Gefühl für den Dreitakt, in den das Motiv eingebettet ist, in uns auszulöschen, und das bewirkt nun, daß wir weder einen Zwei- noch einen Dreitakt mehr spüren. Statt dessen bekommen wir das Gefühl einer Doppelwertigkeit, die dazu neigt, alle Schläge gleichwertig zu machen, so als wäre der Takt 1, 1, 1, 1, 1, und so weiter. Bei diesem flotten Tempo und der so leichten, trockenen Dynamik entsteht die Wirkung einer ungeheuren unterdrückten Kraft, wie das erste Rollen eines Erdbebens. Denn diese Reihe gleich starker Schläge, die mit der Schnelligkeit einer Maschinengewehrsalve aufeinanderfolgen, vermittelt uns den Eindruck von einer Serie starker Taktteile, so als wäre ein ganzer Musiktakt in jedem Schlag zusammengedrängt; und diese Verdichtung eben bewirkt die Spannung. Ein solcher Druck muß einmal zu einem Ausbruch führen, aber dieser kommt erst, nachdem Beethoven so lange als möglich ausgehalten hat und dadurch, daß er sich weigerte, die Kraft freizulassen, die Spannung beinahe unerträglich wurde. Endlich kann er nicht länger zurückhalten, und die unvermeidliche Explosion findet statt.

Wie richtig und befriedigend, wenn auch erschreckend ist dieses Erdbeben! Wieder arbeitet Beethoven mit seiner privaten Verbindung zum Himmel, mit seinem fast übernatürlichen Sinn für alles, was geschehen muß und wann es geschehen soll. Und weil es so richtig ist, wird jeder Zweifel an der Tauglichkeit des Scherzos ein für allemal zerstreut; wenn es auch kürzer ist als die beiden vorhergehenden Sätze, führt es doch denselben Zug von Größe und von beinahe erschreckender Erkenntnis der Wahrheit weiter.

Das Trio oder der Mittelsatz des Scherzos basiert auf einer schwierigen Fanfare von drei Hörnern, die der Alptraum jedes Hornisten ist. Das erste Horn kommt seiner obersten Grenze gefährlich nahe, während das dritte Horn in seinen tiefsten Registern herumspringt, dort wo ein Horn am wenigsten fähig ist zu springen.

Aber Beethoven kennt keine Gnade; die Hornisten werden nicht als Menschen, sondern als Instrumente, dem Dienst an Gott verschrieben, betrachtet. Und Beethovens Fanfare könnte niemals einfach irgendein Jagd-

211

ruf sein; sie muß bis zum Himmel hinauf tönen, ohne Rücksicht auf das
Ansehen der Herren Schmidt oder Schwarz, welche die Hörner tatsächlich blasen. So geht es hinauf, nur los, Schmidt oder Schwarz!

In diesem Satz gibt es einen wundervoll typischen Schock, den man
sich merken sollte. An einer Stelle hat Beethoven den *1–2–3, 1–2–3* Takt
mit seinem alten Trick, den zweiten Schlag zu betonen, in *1–2–3, 1–2–3*
verdreht:

Aber bei der Wiederholung des Abschnitts nach dem Trio macht Beethoven eine neue Verdrehung und ändert während vier kurzen Takten das
Metrum vollständig in einen Zweitakt um, in der Mitte eines Scherzos,
das sonst im Dreitakt steht.

212

Ich nenne dies nicht deshalb typisch, weil Beethoven sich gestattet, mittendrin den Takt zu wechseln, sondern weil es uns diese größere Kühnheit und den besonderen Angriffsgeist offenbart, die Beethoven über die Grenzen der Kunst eines jeden andern Komponisten hinausheben.

Alles, was wir sagten, gilt auch für den vierten und letzten Satz. Es ist nicht schwer, jenen Kritikern zu widersprechen, die behaupten, daß dieser Satz einen schwachen Schluß für ein so kraftvolles Werk bildet. Tatsächlich ist es aber ein Finale mit verborgener Kraft und von irreführender Einfachheit. Ist es so schwer, diese Kraft zu erkennen, weil sie aus einem solchen Ausgangsmaterial herauskommt? Vielleicht. Wir stehen wieder vor einem großen Rätsel: Beethoven beginnt mit einem solistischen Hornruf, dem reinsten Kern musikalischer Einfachheit und Echtheit, und darauf baut er die gleiche verwickelte »Überstruktur« auf, die wir im ersten Satz fanden.

Das Grundelement besteht aus folgenden vier Noten:

Nichts kann einfacher sein; es ist weniger kompliziert als ein Dreiklang, da ja von diesem nur zwei und nicht drei Noten verwendet werden:

Doch aus diesen beiden Noten, die dann in rückläufiger Umkehrung wiederholt werden:

entwickelt er eine Reihe von Variationen, die den Zuhörer erschüttern.

Denn Beethoven hat nicht eine gewöhnliche Serie von Variationen geschrieben. Erstens beginnt er nicht sofort mit dem Thema, sondern er fängt mit einem rasenden Lauf von Noten in der falschen Tonart an, als ob ein wütender Riese in den Raum stürmte:

213

Am Schluß der Raserei sind wir für die richtige Tonart – unsere Grundtonart von Es-Dur – vorbereitet, und das Grundthema wird festgelegt,
oder man kann sagen angetönt, absichtlich als trivialer Gedanke vorgestellt, der vom Pizzicato der Streicher bekanntgegeben wird:

Trivial? Vielleicht; aber nur um die folgenden Entwicklungen noch er-
staunlicher zu machen. Nach und nach wird mehr Ton hinzugefügt, der
Kontrapunkt wird entwickelt, die Bewegung wird stärker, bis wir bei der
dritten Variation für jene vier Noten bereit sind, die zu einer volltönenden
Melodie erblühen, und die in ihrem Optimismus und ihrer strahlenden
Frische in die freie Luft zu gehören scheint:

214

Bei näherer Betrachtung sehen Sie unsere alten Freunde, die vier Noten, stolz im Baß stehen und die neue Melodie stützen.

An dieser Stelle verliert sich jede Ähnlichkeit mit einer reinen Variation. Es ist richtig, daß der Satz ein Variationensatz bleibt, aber jede der Variationen wird jetzt zu etwas Neuem, Außergewöhnlichem, das nicht mehr an die klassische Tradition von einer gewissen Anzahl Takten, oder an ein beständiges harmonisches Muster gebunden, oder bloß eine Verzierung des Themas ist. Zum Beispiel kommt die vierte Variation, zu der wir jetzt gelangen, wie mit Anstrengung heraus, eine roh geformte, düstere Fuge, die auf den ursprünglichen vier Noten beruht, aber jetzt in schwermütigem Moll gesetzt ist:

Wenn wir am Schluß dieses Fugenabschnitts einen spannenden Höhepunkt erreicht haben, läßt uns Beethoven wie durch Zauber in die süße Melancholie der einmal optimistisch gewesenen zweiten Melodie fallen, die jetzt, wie eine klagende Erinnerung, in Moll gesungen wird:

Und genauso zauberhaft wechselt die Melodie jetzt zu luftiger Leichtheit über, als hätte ein Windstoß plötzlich einen Schatten weggeblasen:

Diese fünfte Variation selbst wirkt wie eine Art »Flugsand«, ein gleitender Übergang zur sechsten Variation, die mit dem Schneid und der Verve eines ungarischen Kavallerieoffiziers geladen ist:

Wieder stehen die alten vier Grundnoten im Baß und unterstützen das Gewicht.

Das ist eine normalere Variation, mit einer Standardlänge und einem konventionellen Arbeitsvorgang. Aber ohne jegliche Überleitungsphrase beginnt die siebente Variation, die süße, sonnige Melodie, wieder zurückgeführt in ihre wohlige Dur-Tonart:

Doch mit der gleichen Plötzlichkeit kehrt die Melodie nach Moll zurück, während das alte Fugenthema gegen sie wieder auftritt, und wir erwarten, jetzt eine Reprise jener melancholischen Fuge zu erleben:

Aber nochmals, dieser »Flugsand«, die Schatten ziehen weg, und eine ganz neue Fuge beginnt, die diesmal auf dem alten Thema in »Spiegelform« beruht:

Die Fuge steigt und steigt bis zur Ekstase, und man erwartet jetzt das Ende; aber Beethoven ist immer noch nicht bereit, Schluß zu machen. Und wie recht hat er wieder! Er weiß, daß hier noch eine Verbindungskette im Aufbau fehlt, welche diese Brücke von Variationen vervollständigen und uns endgültig über den Fluß hinüberführen wird. Diese fehlende Kette erscheint nun als langsame, gedankenvolle Variation, die uns auf die brillante darauffolgende Coda vorbereiten soll. Hier ist sie, beginnend mit der nachdenklichen Oboe:

Der Höhepunkt ist beim vollen, endgültigen, mutigen Eintritt des »Freiluft-Themas« erreicht, bei dem die Herren Schmidt, Schwarz und Konsorten ihren großen Augenblick im Horn-Sektor haben:

Nun verhallt die Musik wieder in einer plötzlich aufziehenden Wolke von Melancholie und läßt uns in der Schwebe und ängstlich zurück:

In dieses ungewisse Vakuum stürzt plötzlich das wilde Eröffnungsmotiv wieder herein, nur diesmal nicht wütend, aber mit voller Lebenskraft, und jagt alle Wolken und Schatten, die Melancholie und die Traurigkeit, den Kampf und die Finsternis hinweg und hellt die Luft für die brillante, freudige Coda auf, welche dieses Heldenwerk beschließen wird:

Das Studium der »Eroica« ist eine lebenslange Arbeit, und wir haben hier nur den Rahm abgeschöpft. Wenn wir aber nur einen winzigen Begriff davon mit nach Hause nehmen können, was diesem Werk die überragende Größe über die andere Musik ihrer Epoche verleiht, dann haben wir schon viel gewonnen; wir erhielten eine Ahnung davon, wie Beethoven Grundelemente der Musik benützt und ihnen neues Leben einhaucht; wie er Komplexes aus Einfachem macht; wie er das Überraschungsmoment mit unfehlbar richtigem Instinkt verwendet; wie sich seine Expositionen immer breit und gigantisch entwickeln. Es gibt kaum einen Takt in der Symphonie, wo diese Eigenschaften nicht im Überfluß vorhanden wären, und wenn Sie, während Sie das Werk hören, darauf achten, werden Sie herausfinden, daß Sie den Zielen und Methoden Beethovens viel näherkommen, als wenn Sie einfach nur den Plan der einzelnen Themen verfolgen. Und je besser Sie diese Musik kennen, desto mehr werden Sie von Staunen erfüllt sein und von Dankbarkeit für diesen großen Geist, der sein Leben lang mit den wesentlichsten Erscheinungen unseres Erdendaseins gerungen hat.

Vierte

SYMPHONIE

(E moll)

für

Grofses Orchester

von

JOHANNES BRAHMS.

Op. 98.

PARTITUR.

Ent⁴ Stat⁵ Hall.

Verlag und Eigenthum für alle Länder

von

N. SIMROCK in BERLIN.

1886.

Lith. Anst. v. C.G. Röder, Leipzig.

Brahms: Symphonie Nr. 4 in e-Moll
Opus 98, I. Satz

Die Vierte Symphonie in e-Moll von Brahms ist heute ein allgemein anerkanntes, großes Werk, das als leidenschaftlich, lyrisch, höchst mitteilsam und tief befriedigend angesehen wird. Aber diese Beurteilung ist nicht immer akzeptiert worden. Es gab eine Zeit, da ganz Europa sich am Kampfe Brahms gegen Wagner beteiligte, und musikalische Sachverständige an den höchsten Stellen es liebten, Brahms seines Nimbus zu berauben und ihn als Beispiel eines langweiligen, trockenen, schwulstigen, unfähigen, einfallslosen, mittelmäßigen und aufgeblasenen Komponisten hinzustellen. Wie kommt es, daß dieser musikalische Riese, der in unserer Zeit so bewundert wird, der so warm und menschlich, so anziehend in seiner Offenheit ist – wie ist es möglich, daß dieser so beliebte Brahms einst so verleumdet wurde? Aber es ist wahr. Lassen Sie mich Ihnen einen kurzen Absatz aus der Kritik eines zeitgenössischen Komponisten von Brahms, der in derselben Stadt wie er lebte, zeigen; Hugo Wolf schrieb am »24. Jänner 1886« in einer Kritik über ein philharmonisches Konzert: »Auffallend ist der Krebsgang in dem Produzieren Brahms'. Zwar hat sich dasselbe nie über das Niveau des Mittelmäßigen aufschwingen können; aber solche Nichtigkeit, Hohlheit und Duckmäuserei, wie sie in der e-Moll-Symphonie herrscht, ist doch in keinem Werke von Brahms in so beängstigender Weise an das Tageslicht getreten. Die Kunst, ohne Einfälle zu komponieren, hat entschieden in Brahms ihren würdigsten Vertreter gefunden. Ganz wie der liebe Gott versteht auch Herr Brahms sich auf das Kunststück, aus nichts etwas zu machen... Genug des grausamen Spiels.«

Und Hugo Wolf war nicht der einzige. Tschaikowskys Tagebuch enthält pöbelhafte Worte über das Thema; wir brauchen nur in alten Nummern der »New York Post« oder des »Musical Courier« oder der »London Saturday Review« oder des »Boston Traveler« zu blättern, um eine Anklage gegen Brahms zu finden. Und mit überwältigender Übereinstimmung sind sich alle über einen grundlegenden Mangel bei Brahms einig: es fehle ihm an Einfällen. Arme, blinde Menschen! Wie konnten sie nicht erkennen, daß gerade die Eingebung der Kern von Brahms' Größe ist. Hugo Wolf legte in der Tat versehentlich seinen Finger auf das ganze Problem, wenn er sagte, Brahms kenne den Trick, aus nichts etwas zu schaffen. Denn gerade das ist es, was Brahms tat – nun, er schuf nicht gerade aus dem Nichts, um genau zu sein; dies ist, mit Wolfs Worten gesagt, Gott dem Allmächtigen vorbehalten. Aber aus »fast« nichts – aus Ideen und Themen, die an sich unbedeutend scheinen, die aber, wie sich herausstellt, mit symphonischem Dynamit geladen sind. Daß Brahms dies konnte, ist Grund zu höchstem Lob, nicht zu Verdammnis. Wie konnten die Kritiker bei Brahms diese Tatsache verkennen, da sie doch durch das symphonische Schaffen Beethovens erzogen waren? Hatten sie denn noch nicht aus den größten Werken Beethovens gelernt, daß dieses »beinahe nichts« einen musikalischen Aufbau von unglaublicher Kraft und Schönheit entwickeln kann? Hatten sie es denn nicht erlebt und mit Ehrfurcht gesehen, wie im ersten Satz der Fünften Symphonie von Beethoven drei G's und ein Es wuchsen und wuchsen, tanzten, spielten, rangen und kämpften, bis sich ein Denkmal daraus erhob? Hatten sie nicht gelernt, daß ein großer Geist wie Beethoven etwas so Aussichtsloses wie ein wiederholtes E in der Siebenten Symphonie nehmen und daraus einen herrlichen Satz schaffen konnte? Wußten sie nicht, daß ein griechischer Tempel aus simplen Steinblöcken gebaut ist, und daß die letzte Schönheit des Baus nicht von der Schönheit der einzelnen Blöcke, sondern von der Phantasie und Vorstellungsgabe abhängt, die diktieren, wie die Blöcke zusammengefügt werden müssen? Das ist der wahre Einfall, nicht bloß die Erfindung eines Tons, eines Akkords oder einer eleganten Orchestrierung. Beethoven und Brahms waren Symphoniker, begabt mit der Kraft des symphonischen Einfalls, der musikalischen Architektur.

Soviel für Hugo Wolf und seine Genossen. Unser Anliegen hier ist es, herauszufinden, wie Brahms an diese besondere und schwierige Aufgabe herangeht, den symphonischen Einfall zu verwerten und »Etwas aus dem Nichts« zu schaffen. Wir stellen in der Tat die alte grundsätzliche Frage:

was ist eine Symphonie? Worin besteht die Natur der Symphonie? Was macht eine Symphonie symphonisch?

Ich bin sicher, es wurde Ihnen bis jetzt immer und immer wieder erklärt, was eine Symphonie ist: erstens, daß es eine musikalische Form ist. Das ist richtig. Eine Symphonie ist eine Orchester-Sonate. Dann wissen Sie auch zweifellos, daß die klassische Form aus vier Sätzen besteht, wovon der erste Satz ein Allegro in Sonatenform ist. Auch das ist richtig. Sie sind sich klar darüber, daß diesem ersten Sonatensatz normalerweise ein langsamer, sanglicher Satz folgt, dann ein heiterer Satz im Dreitakt, genannt Scherzo, und schließlich kommt ein brillantes Finale, gewöhnlich in Rondo-Form. Alles das stimmt ebenfalls. Sie wissen sogar wahrscheinlich die wesentliche Gliederung des ersten Satzes in Sonatenform auswendig: die beiden kontrastierenden Themen, die durch eine Überleitung verbunden sind, diese Form der sogenannten Exposition; der Durchführungsabschnitt, in welchem diese Themen auf alle möglichen Arten abgewandelt und umgestaltet werden; die Wiederholung oder Reprise der Exposition; und die Coda oder der Schlußabschnitt, welcher das Ganze in ein ordentliches Paket zusammenbindet.

All dies ist korrekt; aber damit können Sie noch nicht in das Geheimnis der Symphonie eindringen. Dieses Geheimnis liegt darin, das Wort »Durchführung« zu verstehen. Wenn Sie sich einmal darüber klar sind, wie die Themen entwickelt werden – wie die Steinblöcke angeordnet und nochmals geordnet werden –, dann erst können Sie beginnen, den Prozeß des Aufbaus zu werten, der das Wesen der Symphonie ausmacht; dann erst werden Sie anfangen zu verstehen, was eine Symphonie ist.

Nehmen wir jetzt die Musik selbst in Angriff und schauen wir, was wir finden. Ich schlage Ihnen eine gemächliche Reise durch den ersten Satz dieser e-Moll-Symphonie vor, wobei wir immer wieder haltmachen, um die Wunder, die wir darin finden, zu betrachten und uns an ihnen zu freuen, und die Fäden untersuchen, aus denen Brahms ein symphonisches Gewebe erzeugt. Unsere Reise beginnt ohne Einleitung oder vorbereitende Geschäftigkeit mit dem einfachen Eintritt des ersten Themas durch die Violinen:

Diese Melodie weist nun verschiedene charakteristische Merkmale auf, die sämtliche Anhaltspunkte für den Charakter des folgenden Werks geben. Da ist nun zunächst die leidenschaftliche Lyrik, die aus der Moll-Tonart selbst herauswächst, und dazu kommt das besondere rhythmische Beben des Themas, das hier aus einer Reihe von Zweinoten-Gruppen besteht, die durch kleine Ruhepunkte oder Atempausen getrennt sind:

Wir erhalten den Eindruck von Atemlosigkeit, von einem Nach-Luft-Schnappen, das eine gewisse Gemütsbewegung andeutet. Aber da ist noch eine andere, diese Erregung beherrschende Eigenschaft – die klassische Symmetrie, welche die Leidenschaft in einer Form halten kann. Hören Sie die Symmetrie? Es ist, als müsse Brahms alles, was er links tut, sofort rechts wiederholen, wie eine Reihe von Fragen und Antworten oder ausbalancierenden Gewichten:

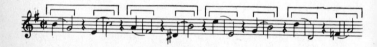

Dann kommt noch dazu, daß jede dieser Zweiergruppen beim schwäch-sten Teil des Takts beginnt, beim letzten kleinen Schlag; und dies verstärkt das Gefühl der Erregung noch mehr, denn Sie erhalten dort einen Akzent, wo Sie ihn am wenigsten erwarten – weg vom Schlag, beinahe wie eine Synkope:

Die leidenschaftliche Art wird auch von der Begleitung unterstützt, in der die tiefen Streicher weitgespannte Arpeggios spielen.

Das gibt uns ein Gefühl von rasch schwingenden Wellen, eine nach der andern – gar nicht zu reden von den synkopierten Auftakten der Holzbläser, die noch mehr Bewegung hineinbringen:

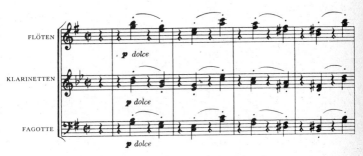

Haben Sie bemerkt, daß diese Auftakte der Bläser in sich eine Version der Geigenmelodie bilden? Sie folgen buchstäblich dem Notenmotiv des Themas:

– nur versetzt, um eine rhythmische Figuration zu bilden:

So haben wir – schon vom ersten Takt des Stückes an – eine Art thematischer Durchführung im Gange. Dies ist der erste Lichtstrahl in das Geheimnis, hinter dem wir her sind – der Durchführung. Wir wissen, wir befinden uns in symphonischen Gewässern, im Moment, da dieses Thema beginnt.

Das Thema sagt uns noch auf andere Art, daß es einen symphonischen Ausdruck wahrt, indem es nicht eine Melodie – eine fertige Gesangsmelodie – darstellt, sondern nur eine unvollständige melodische Linie – das, was ein Thema in Wirklichkeit ist. Ein Thema muß ja unvollständig sein – sozusagen an beiden Enden offen – damit es nach einer Entwicklung verlangt, beinahe darum bittet, die Vollendung zu erreichen. Eine an sich befriedigende, geschlossene Melodie, wie zum Beispiel »Liebestraum«, braucht keine Entwicklung in dieser Art, da sie in sich genügt und keines nachfolgenden symphonischen Wachstums mehr bedarf. Vielleicht finden deshalb so viele Leute die symphonische Musik schwierig, weil sie nicht das bekommen, was sie erwarten. Der Trick besteht einfach darin, daß man eben nicht »Liebestraum« – eine voll entfaltete, ausgesponnene, fertige Melodie – erhoffen darf, sondern nur unvollständige Melodien, wie dieses Thema von Brahms mit symphonischem Charakter und geladen mit Möglichkeiten. Sehen Sie, wie er die Melodie weiterführt und diesen neuen Keim hinzufügt:

und dann sofort diesen:

mit einer rhythmischen Entwicklung des ersten Motivs:

– eine Entwicklung, die durch doppelte Schnelligkeit erreicht wird:

Dieser Einfall wird im Musiker-Jargon »Verkleinerung« genannt. Dann werden noch diese beiden andern, benachbarten Elemente hinzugefügt:

und:

Das ganze Thema ist nur eine Kombination aller vorherigen Elemente zusammen, und jedes davon verlangt nach voller Verwertung in der Durchführung:

Sehen Sie jetzt, was ein symphonisches Thema ist – wieviele Samen zu künftigem Wachstum gesät wurden? Und dieses Wachstum beginnt sofort mit einer Wiederholung des Themas, aber bereits mit neuen Handgriffen. Die Violinen tragen noch immer die Melodie, wenn auch jetzt in gebrochenen Oktaven:

Dagegen spielen tändelnd die Bratschen und Holzbläser mit neuen Figurationen, die sich wie Stickereien um die Melodie ranken:

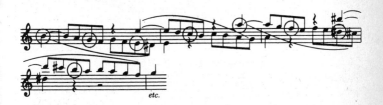

Wie Sie an den Noten in den Kreisen erkennen, entsteht mit dieser »Stickerei« wirklich eine neue Entwicklung durch die skalenweisen Verbindungen der acht Anfangsnoten der Symphonie. Noch dazu spielt die Baßlinie dieselben acht Noten, jetzt in den Auftakten und eine Quinte tiefer als vorher die Holzbläser:

Alles zusammen ist eine Reprise des Themas, die in sich eine Entwicklung desselben ist:

Jetzt nimmt Brahms das zweite »Keim«-Motiv:

etc.

und beginnt, die darinliegenden Möglichkeiten zu erfühlen. Und hier erkennen wir nun eine andere Art von Entwicklungstechnik, nämlich das Suchen nach neuen Tonarten oder Tonalitäten, in denen das Thema von neuen Blickwinkeln aus betrachtet werden kann:

cresc. poco a poco

Nun eine neue Entwicklung derselben Figur, diesmal durch eine rhythmische Veränderung. Das wäre diese:

Die Phrase hat eine rhythmische Verschiebung des Akzents erfahren, so daß sie mit einem Auftakt beginnt wie eine Synkopierung:

Merken Sie, wie es die Intensität der Melodie erhöht? Mit diesem einfachen rhythmischen Einfall hat Brahms einer an sich schon leidenschaftlichen Melodie noch neue Leidenschaft eingehaucht:

232

Und schließlich entwickelt die Wiederholung des Themas dieses Motiv der Verkleinerung, von dem wir vorhin sprachen:

und antwortet im Baß:

dann mit einer doppelten Verkleinerung – mit andern Worten, das Thema wird jetzt viermal so schnell wie zuerst:

Hier ist nun die ganze kurze Entwicklung des Themas mit allen Merkmalen, die wir erwähnten:

Bedenken Sie nun: wir hatten bis jetzt nur 44 Takte – ziemlich schnelle Takte außerdem – in jedem Takt nur zwei Schläge, und in diesem kurzen Abschnitt sahen wir bereits die Entwicklung des ersten Themas durch rhythmische Verschiebung, durch Wechsel der Tonart, durch Verkleine-

rung, doppelte Verkleinerung, Verzierung, Imitation, Synkopierung –
durch ein verblüffendes Aufgebot von Einfällen, durch genügend Erfindungsgeist für eine ganze Symphonie. All das betrifft nur ein Thema, das
erste Thema, und wir sind jetzt erst bei der Überleitung angelangt, die
uns zu einer neuen Tonart führen wird, in welcher das zweite Thema aufgestellt ist.

Dieser Überleitungsabschnitt enthält neue Keimmotive, die an sich bedeutend genug wären, selbst Themen genannt zu werden; aber was noch
wichtiger ist, kaum daß sie auftreten, werden sie irgendeiner Art von Entwicklung unterzogen, genauso wie es beim ersten Thema geschah. Sie sehen, was ein symphonischer Geist wie Brahms macht; er erkennt bei jeder
vorhandenen Notengruppe sofort alle Möglichkeiten und wertet sie bis
zum letzten aus, wie ein Romancier, der seine Personen mit jedem Wort,
das diese äußern, entwickelt.

Das erste Motiv des Überleitungsabschnitts beruht auf einer absteigenden Skala:

Das wird, wie Sie sehen werden, in den folgenden Themen sehr wichtig
sein. Aber wie diese Skala hier erscheint, hat Brahms sie bereits zu einer
Art Kanon entwickelt – das heißt, sie wird sofort von einer andern Or-
chesterstimme imitiert:

Jetzt das zweite Motiv des Überleitungsabschnitts – eine Art tragischer
Fanfare:

Dieses Motiv wird auch während der ganzen Durchführung des Satzes eine hervorragende Rolle spielen. In dieser Fanfare haben Sie vielleicht einen neuen Rhythmus bemerkt, der sehr ausgeprägt und beinahe tänzerisch ist:

Fast wie ein Tango, nicht wahr? Also, Brahms nimmt jetzt diesen rhythmischen Keim und macht daraus die Begleitung für das nächste Überleitungsthema:

Und über diesem kräftigen Rhythmus singen laut die Celli und Hörner eine große romantische Melodie:

Alles zusammen klingt nun wirklich wie irgendein mächtiger, verrückter deutscher Tango:

Dies bringt uns zurück zur Fanfare, die nun durch einen Wechsel der Tonart entwickelt wird:

Jetzt nimmt Brahms nur die letzten zwei Noten:

und macht daraus einen ganz neuen Abschnitt, indem er das Pizzicato der Streicher und die Holzbläser als gegenübergestellte Chöre benützt:

Das ist echte musikalische Architektur – man nimmt das letzte Fragment eines Abschnitts und schafft daraus das nachfolgende. Aber das Besondere und so Typische dieses großen symphonischen Geistes ist, daß er diesen neuen Abschnitt zu einer Entwicklung des ersten Themas benutzt, das, wie Sie sich erinnern werden, ebenfalls in Gruppen von zwei Noten geschrieben war:

So wird in diesem Abschnitt, der einem ganz andern Keim entsprang, automatisch, unbewußt vielleicht, auch das erste Thema entwickelt:

Sie sehen, wie tief die Quellen eines Genies sind. Alles hängt zusammen und ist auf höchster Ebene vereint: Alles ist eins, genauso wie der Roman »Krieg und Frieden«, mit allen Anhäufungen von Stoff, Ereignissen und Personen, eine Einheit ist.

Nun schließt der Überleitungsabschnitt mit zwei Wiederholungen jener absteigenden Skala, die wir vorher gehört haben:

Zuerst hören wir die Skala, synkopiert, in den Bläsern und darunter das Pizzicato der Streicher:

und dann, in einem punktierten Rhythmus, von den Streichern, die, von ihren Pizzicato-Fesseln erlöst, frei herausbrechen:

Diese letzte Version der absteigenden Skala ist wieder eine Vorwegnahme der nun folgenden Themen; sie ist der Schatten, den das kommende Ereignis vorauswirft. Denn im zweiten Thema, das erst jetzt zu hören sein wird, ist dieselbe Skala im punktierten Rhythmus als ein wesentlicher Teil des Themas selbst verwendet; so sind wir baß erstaunt darüber, daß das zweite Thema tatsächlich bereits entwickelt wurde, bevor es überhaupt aufgestellt war! Das sind die Feinheiten symphonischer Begriffe – Räder innerhalb von Rädern, alles Teile einer großen Maschinerie. Hier ist dieses zweite Thema:

Verstehen Sie, wie symphonisch diese einfache Melodie konstruiert ist? Sie beginnt ruhig, wie völlig neues Material:

aber in der Fortsetzung verwendet sie die absteigende Skala, die wir bereits gehört haben:

welche dann einen Ton höher wiederholt wird:

Darauffolgend nimmt Brahms in echt symphonischem Stil das aus den letzten zwei Tönen bestehende Fragment der Skala und entwickelt es in einer absteigenden Sequenz:

Er macht daraus nicht nur gerade eine Melodie, sondern eine sich selbst entwickelnde Melodie, und das ist das Wesen des Wachstums einer Symphonie.

Am Grunde dieses Abstiegs gelangten wir zu einer geheimnisvollen Stelle, wo entfernte Trompetenrufe eine Entwicklung jener Fanfaren ankündigen, die wir vorher in der Überleitung gehört haben, die aber jetzt näher und näher kommen, während sie sich in ihren Ausmaßen zu einem Höhepunkt steigern:

241

So endet die Exposition, nachdem sie das ganze Material des Satzes aufgestellt, wiederaufgestellt und entwickelt hat, mit einer Anspielung auf das allererste Thema des Beginns, die uns zeitweise in unsere Grundtonart, e-Moll, zurückführt, von der wir während unserer Wanderungen im Abschnitt des zweiten Themas abgeirrt waren:

Und das bringt uns endlich zum eigentlichen Durchführungsabschnitt!

Es scheint nun beinahe überflüssig, jetzt von richtiger »Durchführung« zu sprechen, nachdem wir schon soviel »Entwicklung« gehabt haben. Kein Thema und kein thematisches Fragment wurde bis jetzt aufgestellt, ohne auf die eine oder andere Art behandelt zu werden; und doch ist Brahms jetzt bereit und erpicht darauf, in einen ganz neuen Entwicklungsabschnitt – in die eigentliche »Durchführung« – zu tauchen, wo er uns noch tiefere Eigenschaften seiner Themen zeigen will, genauso wie ein Romantiker uns seine Figuren in immer wechselndem, immer neuem Licht zeigt.

Die Durchführung beginnt dort, wo die Exposition aufhört, mit der Behandlung des ersten Themas. Wir hören es zuerst genauso, wie wir es am Anfang des Satzes gehört haben, als ob nun eine buchstäbliche Wiederholung der Exposition kommen sollte, wie es bei Mozart und Beethoven der Brauch war; aber nein, hier ist ein Unterschied, ein harmonischer

Unterschied. Während die Harmonie in der Exposition bewegt und leidenschaftlich war:

ist sie jetzt ruhig und pastoral:

Diese »Roman-Figur« hat eine sichtliche Veränderung durchgemacht. Die Durchführung wird noch durch Verkleinerung unterstützt; die Phrase ist verkürzt und verdichtet:

Diese verkürzte Phrase verwandelt sich nun, wie durch Zauber, in die »Garnierung« des nächsten Abschnitts:

243

Ein symphonischer Kunstgriff – nichts anderes. Denn wie Sie an den eingerahmten Noten sehen können, besteht eben diese Garnierung aus den ursprünglichen Anfangsnoten des Satzes! Und was verzieren diese Noten? Eine andere Version des allerersten Themas, in welchem diese vorher erwähnten Zweinotengruppen:

sich nun zu Dreinotengruppen ausgedehnt haben:

Sie können sehen, daß es das gleiche Thema ist, ob es nun in Gruppen von zwei oder von drei Noten steht. Es ist nur eine andere Version des Originals, eine ausgedehntere und reichhaltigere Form. Und zusammen mit der Verzierung, die auch eine Blüte desselben Zweigs ist, spüren wir eine echte Entwicklung, einen Sinn für Steigerung und Wachstum:

Jetzt stellen wir sogar ein weiteres Wachstum durch eine dynamische Steigerung fest, wenn das Orchester in eine mit aller Kraft donnernde Entwicklung dieser Dreinotengruppen ausbricht:

Nun, das ist Durchführung – nicht nur dynamisch, sondern auch harmonisch, kontrapunktisch, rhythmisch und dramatisch. Es ist auch ein wenig kompliziert. Haben Sie zum Beispiel bemerkt, daß da ein Kanon war? Eine Gruppe von drei Noten in der hohen Lage, die sofort von einer Dreinotengruppe im Baß imitiert wurde, so daß ein Kanon entstand:

Haben Sie auch bemerkt, daß die Imitation immer ein Spiegelbild von dem, was sie imitiert, zeigt? Dort, wo die oberen drei Noten absteigen:

steigen die unteren drei Noten hinauf:

Und umgekehrt:

Das nennt man einen Umkehrungskanon – ein guter Ausdruck, mit dem Sie nächstens prahlen können. Und so leicht zu verstehen – einfach ein Kanon, bei dem die Imitation auf den Kopf gestellt ist. Dazu geht aber ein nicht umgekehrter Kanon in einem höheren Register weiter – eine genaue Imitation, wie ein Echo:

Zu all diesen kanonischen Vorgängen blasen noch fröhlich die Hörner und Holzbläser einen ganz separaten, eigenen Kanon dazu:

der auf der gerade vorhin gehörten Verzierung beruht:

– welche ihrerseits aus jener verkürzten Phrase herauswuchs – erinnern Sie sich?

Und diese wieder hatte sich aus dem ursprünglichen Keim entwickelt:

Wie bereits gesagt – Räder innerhalb von Rädern. Und dieser Kanon ist wieder eine Umkehrung; während die Hörner spielen:

imitieren die Holzbläser als Umkehrung:

Aber die eigentliche Durchführung kommt erst jetzt. So unglaublich es scheint, Brahms hat noch keineswegs alle denkbaren Möglichkeiten jener Samen erschöpft, die er in der Exposition gesät hat. Dieser soeben beendete, spannende Kanonabschnitt führt uns in eine neue Sphäre plötzlicher Ruhe und beinahe geheimnisvoller Stille, in der das Fanfarenthema dem Blech weggenommen und den gedämpften Streichern und Holzbläsern übergeben wird; die Stimmung ist nun nicht mehr klar und bewußt, sondern bleibt in beinahe unheimlicher Schwebe.

Und in diese unbestimmte Atmosphäre hinein erinnern die Holzbläser an das Anfangsmotiv als Zweinotengruppe:

dann als Dreinotengruppe:

dann sogar noch erweiternd:

Vorwärts geht nun die Durchführung durch Tonart um Tonart und benützt schließlich die Fanfare selbst:

Haben Sie gesehen, wie die beiden Themen am Schluß zusammenkamen und das Horn dazu die Zweinotengruppe bläst?

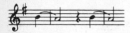

während die Holzbläser die Fanfare spielen:

Wieder ist es eine Entwicklung wie die Fortsetzung eines Romans, in der zwei Figuren, über die wir schon sehr viel erfahren haben, einander endlich begegnen und eine neue Situation geschaffen wird. In dieser neuen Situation, in dieser Krise, welche die nächste »Sequenz« in die Handlung bringt, wie das Zusammentreffen dieser beiden Personen, tritt plötzlich eine Kette heftiger Ereignisse ein:

Ein echtes Drama. Die Kette der Ereignisse mündete, wie Sie gerade gesehen haben, in dieser den Höhepunkt erreichenden Triolenfigur:

Und daraus, in plötzlicher Ruhe, formt Brahms eine Variation der Anfangsmelodie. Natürlich gehören Variationen zu den wichtigsten Einfällen einer Durchführung, da ihre erklärte Aufgabe darin besteht, jedes vorhandene Thema von einem andern Gesichtspunkt aus zu überprüfen. So vermählt sich das Anfangsmotiv:

mit jener sich steigernden Triolenfigur, und die Variation ist geboren. Aber für den Fall, daß Sie den Anschluß versäumen, liefert Brahms aufklärende Fingerzeige im Pizzicato der Streicher und auch in den Flöten, die das Thema tatsächlich in seiner ursprünglichen Form in den unbetonten Taktteilen skizzieren:

Alles zusammen klingt so:

Jetzt erhält der zweite Keim des Themas:

einen Übergang, der von Tonart zu Tonart moduliert und schließlich in unsere ursprüngliche Tonart, e-Moll, zurückführt, in welcher die Reprise endlich stattfinden kann:

252

Und damit wären wir wieder zu Hause angekommen und bereit, nach den Regeln der Sonatenform die Exposition nochmals anzuhören. Aber Brahms ist nicht gewillt, sich mit einer so dürftigen Ausführung zu begnügen; er hat noch einen »Trumpf« für die Entwicklung bereit. So beginnt er die Reprise nicht eindeutig, sondern mit dem stark zerdehnten ersten Thema, das nun eine dreimal so lange Periode wie ursprünglich belegt. Das ist eine Entwicklung durch sogenannte Vergrößerung – dem genauen

Gegenteil der vorher erwähnten Verkleinerung, die Brahms schon mehrere Male verwendet hat. Und jetzt klingt das Thema so:

Wie imponierend ist diese Aufstellung! Man kann sie nicht einfach mit einem Wort wie »Vergrößerung« erklären. So ein technischer Ausdruck besagt nie wirklich etwas. Es ist ehrfurchtgebietend, wie Brahms diese Vergrößerung benutzt und wo und wann er sie benutzt; nämlich genau im richtigen Moment, mit einer Großzügigkeit der Orchestrierung, mit jenen geheimnisvollen Bläseroktaven, die so zu einer vibrierenden Auflösung kommen, während unterhalb zitternd die Streicher und Pauken murmeln. So hat Brahms nicht nur eine Reprise begonnen, sondern er hat uns, ohne daß wir es merkten, in sie hineingeschmuggelt – durch eine Durchführung hindurch. Seine Methode ist immer ein Wechsel, ein Wachsen und eine Verwandlung; und das ist das Geheimnis der Symphonie. Aber, wenn er sich einmal in die Reprise zurückgeschlichen hat:

kann er es sich leisten, pedantisch zu sein, da er schon vom Anfang an soviel an Entwicklung gebracht hatte. So wird jetzt die Reprise genau nochmals die ganze Exposition darstellen – Keime, Überleitungen, Fanfaren, Verzierungen, absteigende Skalen, den großen deutschen Tango, die punktierten Rhythmen – einfach alles, mit einem Unterschied: diesmal verläßt er die E-Tonart nicht, da der Satz in der gleichen Tonart enden muß, in der er begann.

So langen wir bei der Coda an; auch hier beendet Brahms nicht deutlich die Reprise und beginnt die Coda, sondern bringt uns wieder schleichend in die Coda hinein, indem er das Fanfarenthema mit einer neuen, aufpeitschenden Entwicklung in eine rasende Erregung hineinsteigert – eine der aufregendsten Passagen im ganzen Brahms:

In dieser schwindelerregenden Intensität und höchsten Leidenschaft hören wir wieder das erste Thema, zum letztenmal und mit größter Stärke, äußerst pathetisch und – nicht unerwartet, als Kanon:

Was jetzt noch bis zum überwältigenden Schluß folgt, sind die verschiedenen Keime des Themas – aufgewirbelt, gehämmert, entwickelt bis zur äußersten Grenze, beinahe bis zum Bersten; es ist, als würden die Personen in unserem Roman alle durcheinandergeworfen bis zur furchtbaren Entscheidung ihrer Schicksale. Sie erleben eine beinahe völlige Vernichtung; und wenn wir die letzte Kadenz erreicht haben, ist nichts mehr übrig als das blutige, tragische Schlachtfeld in e-Moll.

Wir haben nun einen winzigen Einblick in symphonische Methoden bekommen und können jetzt vielleicht das Wesen einer Symphonie etwas besser verstehen; wir begreifen, daß es nicht bloß der Abguß einer Sonaten- oder Rondoform ist, sondern »Form« im Sinn von ständigem Wachstum und unaufhörlicher Entwicklung – die schöpferische Kraft des Lebens selbst.

Das bringt uns zurück zu dem armen Hugo Wolf, der sich darüber beklagte, daß Brahms aus »Nichts« etwas erfand. Sind diese Themen nichts? Weit gefehlt. Doch das Erstaunliche liegt darin, daß Brahms, einerlei ob diese Themen etwas oder nichts sind, das Wunder vollbracht hat. Denn im Wachsen einer Symphonie liegt etwas Göttliches, etwas der Schöpfung selbst Ähnliches; und den Kritikern von Brahms, die ihn verdammen wollten, ist es nur gelungen, ihm höchstes Lob zu schenken. Danke, Hugo Wolf, für das uns gezeigte Licht.

EINE PLAUDEREI

»Etwas zu sagen . . .«

*D*as Folgende ist, wie ich hoffe, die wörtliche Übertragung des Tonbands von einem improvisierten Vortrag, den ich am 19. Februar 1957 an der Universität von Chicago gehalten habe. Der anonyme Stenograph, der für diese Übertragung verantwortlich ist, ließ in dem Manuskript eine bedenkliche Anzahl leerer Stellen offen und auch eine Reihe von Schreibfehlern, undefinierbaren Bemerkungen und einige merkwürdige grammatikalische Konstruktionen stehen. Überdies waren die während der Diskussion gestellten Fragen offenbar häufig für das Mikrophon unhörbar und mußten gelegentlich erraten werden. Ich habe versucht, die geheimnisvollen Bemerkungen abzuklären, hinkende Satzkonstruktionen gelegentlich zu stützen und fehlende Stückchen zu ergänzen. Letzteres gab Anlaß zu allerhand Spekulationen und nachträglichen Vermutungen, so daß ich nicht ganz sicher bin, ob in dem folgenden Geplauder jedes Wort genauso ist, wie ich es an jenem verhängnisvollen Abend geäußert habe. Aber ich glaube, das wird niemanden stören.   L.B.

Als ich heute hierher reiste und mir im Flugzeug diesen Vortrag überlegte, bekam ich einigermaßen Lampenfieber; ich hatte die Broschüre über die Art dieser Vortragsreihe gelesen, und darin steht etwas von schöpferischer Kraft und Psychiatrie, von der schöpferischen Persönlichkeit und ähnliche geheimnisvolle und wunderbare Redewendungen. Ich fragte mich dann natürlich, mit welchem Recht auf Gottes Erden ich es wagte, über diese Themen zu sprechen. Schließlich verbringe ich ja nicht vierundzwanzig Stunden am Tag mit Komponieren. Deshalb bin ich hauptberuflich nicht ein schöpferischer Künstler; deshalb bin ich nicht wirklich qualifiziert, über dieses Thema zu sprechen. Dann dachte ich aber, ja, vielleicht bin ich gerade deswegen qualifiziert, darüber zu sprechen, weil ich in der Hälfte meiner Zeit nicht schöpferisch arbeite und diesen magischen kleinen Schalter abdrehe, um wieder darstellender Künstler zu sein; vielleicht gewinne ich dadurch eine gewisse Objektivität, die ich sonst nicht hätte. Gerade jetzt habe ich eine Aufführungsperiode beendet und eine schöpferische Periode begonnen; deshalb wurde in der vorigen Woche der Schalter wieder angedreht; doch während der letzten Monate habe ich dirigiert. Jetzt aber bin ich mit dem Dirigieren fertig, und zwar für die nächsten sieben Monate, weil ich während dieser Zeit eine neue Show schreiben werde; ein ziemlich ernstes, tragisches Musical für den Broadway* – stellen Sie sich das vor. Da ich also am Anfang dieser schöpferischen Periode stehe und eine lange Aufführungsperiode soeben hinter mir habe, glaube ich, daß ich vielleicht gerade an der Schwelle der Objektivität bin oder irgendeinem Aspekt des schöpferischen Prozesses gegenüberstehe. Deshalb, dachte ich im Flugzeug, habe ich vielleicht doch das Recht, etwas darüber zu sagen. Andererseits bin ich meinem Wesen nach kein Dozent; wenn ich unterrichte, stelle ich eine Menge Fragen an meine Schüler und lerne gern etwas von ihnen. Bei einem Vortrag wie dem heutigen finde ich es besonders reizvoll, wenn nachher munter diskutiert wird. Darauf freue ich mich schon außerordentlich.

Vielleicht beginne ich am besten damit, eine mir oft gestellte Frage zu wiederholen, die eine technische Seite des Komponierens betrifft, vermutlich eine oberflächliche Frage, die aber eine Menge anderer Fragen aufwirft. Sie lautet: »Komponieren Sie am Klavier, am Schreibtisch oder wo sonst?« Nun, die Antwort darauf heißt: »Manchmal komponiere ich am Klavier, manchmal am Schreibtisch, manchmal auf einem Flughafen und manchmal, wenn ich durch die Straßen gehe; meistens aber komponiere ich, wenn ich im Bett oder auf dem Sofa liege. Meiner Meinung nach komponieren fast alle Komponisten meistens im Liegen. Schon oft kam meine Frau zu mir ins Studio, fand mich auf dem Sofa liegend und sagte: »O entschuldige, ich dachte, du arbeitest!« Und ich war wirklich an der Arbeit, doch niemand hätte es gemerkt.

Ich nehme an, man befindet sich dabei in einer Art Trance, was vielleicht nicht gerade als eine ideale Voraussetzung für Arbeit erscheint, eher für einen Zustand von Kontemplation, doch zwischen diesem und der schöpferischen Arbeit besteht eine sehr enge Beziehung. Es ist sehr schwer zu beschreiben, und die Menschen versuchen es schon seit Jahrhunderten. Dem Geschehen am nächsten kommen wahrscheinlich die Schilderungen

* Dies sollte die »West Side Story« werden.

dieses Zustandes in manchen mystischen ostasiatischen Schriften. Vielleicht kennen Sie das kleine Buch über Zen-Buddhismus und die Kunst des Bogen- schießens – ausgerechnet –, das eine gute Beschreibung dieses Zustands enthält, nämlich über das Eins-sein des Schützen, des Bogens und des Ziels; die Identifizierung des Zielenden mit dem Ziel. Das ist eine Art Verlust des eigenen »Ich«. Es ist anzunehmen, daß man in jeder irgend einmal konzipierten mystischen Vereinigung oder in jeder mysti- schen Vorstellung von jeher danach getrachtet hat, diesen Zustand auf irgendeine Weise zu beschreiben. Aber die einzige Möglichkeit, diese Formulierung zu erfassen, ist die, sie zu erleben. Noch nie habe ich – weder beim Lesen von Huxley oder buddhistischer oder anderer einschlägiger Schriften – eine wörtliche Formulierung gefunden, die den schöpferischen Zustand ausreichend beschreibt.

Wenn man auf dem Bett, auf dem Fußboden oder sonstwo liegt und das geistige Bewußtsein mehr und mehr verschwimmt, senkt sich allmählich die geistige Ebene, und man befindet sich irgendwo im Grenzland einer Zwielichtsphäre, sagen wir dort, wo nachts beim Einschlafen die Phantasie zu spielen beginnt. Jeder Mensch kennt diesen Zustand, mag er schöp- ferisch veranlagt sein oder nicht. Wäre es nicht wunderbar, wenn dann ein jeder sich bewußt genausoviel Beobachtungsgabe und Objektivität bewahren könnte, daß er imstande wäre, sich selbst beim Phantasieren zu belauschen? Kurz gesagt, ich glaube, wer sich diese Freiheit der Phan- tasie erlauben kann, der hat es erreicht. Das ist der Zustand, wie man ihn im Augenblick braucht. Wenn die Phantasie dann zufällig eine schöpferische ist, wenn sie sich in Noten, oder von einem Schriftsteller in Worten, von einem Maler in Bildern ausdrücken läßt – mit andern Worten, wenn man eine schöpferische Vision hat und genügend wach ist, sich an sie zu erin- nern, sie zu beurteilen und zu wissen, wie man sie festhalten kann (das heißt wie man, ins volle Bewußtsein zurückkehrend, die Vision formuliert, um sie andern Menschen verständlich zu machen) –, dann, glaube ich, hat man den idealen Zustand erreicht.

All dies klingt sehr mystisch, märchenhaft und geheimnisvoll, aber ich meine es nicht so, denn ich hielte es irgendwie für »geschwollen«, so zu reden. Andererseits ist etwas Wahres daran, und es fällt außerordentlich schwer, ohne dieses beinahe mystische Geschehen einzubeziehen, an einen schöpferischen Prozeß zu denken. Deshalb ist man gezwungen, so zu sprechen, sogar wenn es ein wenig anmaßend klingen mag. Ich erinnere weiß nicht, ob das, was ich sage, genau richtig ist, aber ich will mich bemühen, es Ihnen aus meiner Erinnerung wiederzugeben. Jung beschreibt eine poröse Eierschale und nennt das Innere derselben – das Flüssige oder die Eisubstanz – das »Unbewußte«. Er fährt fort und beginnt mit Worten wie »Seele« und ähnlichem; wir wollen aber, sagt Jung, nicht schon jetzt in die Seele eindringen; dann verbreitet er sich über die Vorstellung, daß der Inhalt der Eierschale – der wirklich wertvolle Stoff, das wesentlich von Gott gesandte Visionäre – um so wahrscheinlicher durchsickert, je poröser die Eierschale ist. Er nennt die Eierschale »Persona«, das heißt, die äußere Erscheinung, wenn Sie so wollen, die Rüstung, wie andere Psychologen sich ausdrücken – dieser Aspekt des Menschen, der, wie er hofft, von der äußeren Welt gesehen wird. Anders ausgedrückt, wenn ich mir ein Bild davon mache, wie ich aussehe, wie ich gern aussehen möchte, dann wäre das meine »Persona« im Gegensatz zu meiner »Anima«, welche im Inneren der Eierschale ist. Nun hat ein Mensch mit einem sehr starken Ichbewußtsein eine sehr harte Eierschale, die entsprechend unporös ist; und im Gegensatz dazu, je schwächer das »Ego« ist, je weniger Ego vorhanden ist, desto größer ist die Wahrscheinlichkeit, daß die innere Substanz durchsickert.

Sagen wir, ein Komponist wie Schubert hatte eine sehr dünne, sehr poröse Eierschale. Der Stoff floß ständig daraus heraus. Er schrieb ununterbrochen – im Wachen, im Schlafen und dazwischen; er befand sich sozusagen immer in dieser Trance. Seine »Persona«, die Eierschale selbst, war nicht sehr wichtig. Er kleidete sich unsorgfältig, war immer ein klein wenig schmierig, er war sehr schüchtern, fand nicht leicht Anschluß, hatte Angst vor Frauen und lief bei der geringsten drohenden Szene eiligst davon; er konnte nach außen nicht recht bestehen. Dementsprechend kam sein Inneres freier heraus. Nun ist dies sicher eine zu starke Vereinfachung, und ich verfechte diese Anschauung auch gar nicht. Ich erzähle sie Ihnen nur, weil man damit auf so klare Weise einen Begriff vom Schöpfungsvorgang erhält.

Der nächste Schritt wäre jetzt natürlich die jahrhundertealte Diskussion über die Verwandtschaft zwischen Talent und Wahnsinn, denn je dünner die Eierschale, desto schwieriger ist es natürlich, in der Welt zu leben – desto schwerer fügt man sich in die Gesellschaft ein –, denn die »Persona« ist schließlich und endlich notwendig. Man muß seine Haare kämmen, bevor man ins Büro geht, und man muß seine Blößen bedecken, wenn man durch die Straßen wandert. Dies alles hat mit der sogenannten Zivilisation und Gesellschaft zu tun. Aber wenn die Schale dünn ist, können wir in ein Stadium geraten, das »Bohème« genannt wird, und von jemandem, der sich nicht anständig kämmt und kleidet, bevor er in der Öffentlichkeit erscheint, sagen wir, er sei ein Bohèmien; und wir sind so weit gekommen, daß wir viel Bohème in den Gebieten der Kunst, und viel schlechte Kunst in den Gebieten der Bohème entschuldigen. Ein Schritt über die Bohème hinaus, eine um einen Grad geringere Härte der Eierschale, und wir haben den Wahnsinn vor uns. Die Menschen in den Anstalten, die mechanisch wunderbare Sätze vor sich hinplappern, sind wahnsinnig. Aber wie oft hören wir von Leuten, die an Kunst und Künstlern interessiert sind, daß sie tatsächlich diese Dinge als echte Kunst verlegen und präsentieren? Gewiß, es ist nicht hochgezüchtete Kunst, aber es besitzt etwas Wesentliches davon, es kommt wenigstens von selbst aus der Tiefe, wenn auch aus der Tiefe eines Menschen, dem weder »Persona« noch klarer Geist noch Beherrschung zu eigen ist. Ich nehme an, dies gehört zur Theorie des mechanischen Schreibens, es steckt auch zum großen Teil hinter dem Erfolg von Gertrude Stein, und es mag sogar mit viel besserer Literatur wie Joyce und vielen anderen experimentellen Autoren zu tun haben. Damit möchte ich sagen, daß ich, wenn mir das Glück zuteil wird, in diesen tranceartigen Zustand zu geraten – wenn ich dieses Glück habe dahinzugelangen –, nicht weit davon entfernt bin, von Sinnen zu sein.

Nehmen wir an, daß wir diese Trance, diesen Zustand des »von Sinnen Seins« brauchen, um etwas wirklich Bedeutendes von uns zu geben. Wenn ich sage »bedeutend«, meine ich dasselbe wie »innerlich«, wie »unbewußt«. Ich glaube, dies ist der wichtigste Aspekt jeder Kunst – daß sie nicht vorsätzlich aus dem Kopf eines Menschen entstanden ist. Wenn ich mir vornehme, mich jetzt ans Klavier zu setzen und bis elf Uhr eine Sonate fertigzuschreiben, weil ich es muß, und es fällt mir nichts ein, dann könnte ich wahrscheinlich eine Sonate oder irgend etwas Kurzes einfach mit meinem Willen bis elf Uhr fertigbringen. Ich zweifle aber daran, daß es irgend etwas wert wäre. Wenn es etwas taugte, dann wäre es ein Wunder, denn es käme nicht aus dem Unbewußten, sondern aus dem künstlich geleiteten, denkenden, verstandesmäßig und kritisch beherrschten Teil meines Gehirns. Deshalb braucht man die Trance.

Nun, was empfängt man in dieser Trance? Ja, das Beste, das Äußerste, was man erhalten kann, ist ein Ganzes, eine Gestalt, ein Werk. Man ist sehr glücklich, wenn das geschieht. Mit andern Worten, man weiß vielleicht nicht einmal, welches die erste Note sein wird. Man hat die Vision von einer Gesamtheit, man weiß, daß es da ist, und alles, was man tun muß, ist, es herauskommen zu lassen und weiterzuführen. Die Führung mag ein recht bewußter Vorgang sein, aber man weiß, daß das Unbewußte auch da ist. Man hat eine Vorstellung, das ist das Größte, das geschehen kann.

Das zweitgrößte Erlebnis ist das Gefühl einer Atmosphäre, einer allgemeinen Stimmung, was nicht dasselbe ist wie die Gesamtheit eines Werks, denn es hat nichts mit dem formalen Aufbau zu tun. Jedoch ist es wichtig, die Stimmung zu erfühlen, wenn sie von irgendwoher aus dem Innern kommt. Jedes Werk, jedes Kunstwerk bewohnt eine eigene Welt, in der ein bestimmter Duft und ein bestimmter Ausdruck herrschen. Sogar verschiedene Werke desselben Künstlers unterscheiden sich voneinander, wenn es wirklich große Werke sind. Die Zweite Symphonie von Brahms, der Dritten Symphonie von Brahms gegenübergestellt – wenn ich bloß die Namen höre, sehe ich verschiedene Farben. »Die Zweite Symphonie«: ich rieche etwas; ich fühle ein Gewebe; ich sehe Farben; ich habe bestimmte, gleichzeitige ästhetische Reaktionen. Das ist völlig anders, wenn ich sage: »Symphonie Nr. 3 von Brahms.« Diese Beschaffenheit der Struktur, der Atmosphäre oder der Stimmung ist lebenswichtig. Von hier aus kann sich dann die Einheitlichkeit des formalen Aufbaus entwickeln.

Das wäre nun das Zweitbeste, das man empfangen kann. Hat man aber dieses Glück nicht, kann einem immerhin ein Thema einfallen. Anders ausgedrückt, es können ein grundlegender, fruchtbarer Einfall oder ein Motiv vorhanden sein, die gute Ergebnisse und Entwicklungsmöglichkeiten versprechen. Ein fruchtbares Thema wird sich sofort als solches vorstellen. Man weiß, es wird, sogar ohne daß man versucht, damit zu schwindeln, brauchbar sein; man wird es umkehren oder nach rückwärts verwenden und wunderbare Kanons und Fugen daraus bilden können. Sie wissen vielleicht nicht, wovon ich spreche, wenn ich sage »umkehren« oder »Kanons«; aber das macht auch nichts. Was ich zu erklären versuche, sind die Fruchtbarkeit und Biegsamkeit des Themas und die damit verbundenen Möglichkeiten, es zu entwickeln. Wenn man so ein Thema hat, sieht man sofort, daß man damit Wunder vollbringen kann.

Dies ist ganz anders, als wenn einem bloß eine Melodie einfällt, was ich als viertbeste Sache bezeichnen würde – sie ist weniger brauchbar und weniger erwünscht als ein Thema. Denn ist eine Melodie, so schön sie auch sein mag, einmal zu Ende, dann ist sie fertig. Melodien können nicht entwickelt werden wie Themen.

Also haben wir vier Stufen von Möglichkeiten. Ich glaube, es gäbe noch eine fünfte, die am wenigsten zu ersehnen ist, und das wäre, in unserer berühmten Trance die Idee von einem Stückchen Musik zu empfangen, von einem harmonischen Fortschreiten oder von einer Figuration, von einer kleinen Zeichnung, von irgendeinem Effekt oder einer instrumentalen Kombination; etwas, das einem einfällt und aus dem durch Assoziation eine große Menge anderer Möglichkeiten herauswachsen könnten. Das ist das Geringste, aber wenn es in der Trance auf einen zukommt, kann es einen Start zu etwas Größerem bedeuten.

Ja, und das sechste Stadium ist natürlich, daß man einschläft. Das kommt sehr häufig vor. In der Tat glaube ich, daß es sogar meistens geschieht. Wenn man aber einschläft, heißt das noch nicht unbedingt, daß gar nichts geschehen ist. Es geht nicht gerade »nichts« vor in dieser »andern Welt«, in der man soeben war. Man könnte ja irgendwelche herrlichen Visionen gehabt haben und dann eingeschlafen sein, weil man nicht an jener Grenze zwischen der Dämmerung und der wachen Welt verweilt ist. Ich bin sicher, Sie alle haben schon nachts beim Einschlafen diese Phantasien erlebt, in denen Sie sich plötzlich in einer absolut unmöglichen Situation befinden, vielleicht ein unmögliches Gespräch führen oder etwas höchst Lächerliches, Sinnloses tun; aber Sie wissen in diesem Augenblick nicht, daß es sinnlos ist, außer es wird Ihnen plötzlich bewußter und klarer, und Sie sagen: »Um Himmels willen, worüber habe ich denn gesprochen?« Und ich meine jetzt Phantasien, nicht Träume; nicht einen Zustand des Schlafens, sondern nur des beinahe Schlafens. In den meisten Fällen ist das Aufwachen oder das Zusichkommen aus diesem Dämmerzustand ein erregender kleiner Schock, der bewirkt, daß sich die Phantasie in nichts auflöst. Gewöhnlich sage ich: »Oh, was war das?« Und weg ist es, ohne daß ich weiß, was es war.

Mit der Musik erlebt man so etwas sehr oft, und man betet – alle Komponisten beten –, es möge doch irgendein Instrument erfunden werden, das man am Kopf befestigen könnte und das all den Unsinn, der vorbeizieht, während man in der Trance liegt, aufzeichnet, so daß man während dieses schizophrenen Verhaltens nicht diese Art Wachhund haben müßte: während die eine Hälfte meiner Persönlichkeit tun darf, was sie will, muß die andere Hälfte aufpassen, was jene erste Hälfte tut. Man kann in solcher Spannung gelegentlich schreien wie ein Irrer. Dies hat vielleicht mit der nahen Beziehung zwischen Wahnsinn und Talent zu tun.

Nachdem wir uns jetzt so lange mit der »Trance« beschäftigt haben, wollen wir ein wenig vom »Einfall« sprechen. Was ist uns eingefallen? Was formt diesen Einfall? Was bewirkt, daß einem etwas einfällt, was immer es sei? Ich würde sagen, wenn ich nur bei Musik bleibe, vor allem die Erinnerung an alle Musik, die man je gehört hat. Das ist keine Abwertung. Ich meine nicht Ableitung von anderer Musik oder deren Nachahmung. Alle Komponisten schreiben ihre Musik in den Ausdrücken der ganzen Musik, die ihrer vorangegangen war. Jede Kunst anerkennt die Kunst, die gewesen oder die noch gegenwärtig ist. So ist es nicht unwahrscheinlich, daß der Einfall, die Idee, die in der Trance kommt, etwas mit der Musik, die schon da war, zu tun hat. Und wahrhaftig, sogar jene Komponisten, die sich »experimentelle« Komponisten nennen (und sich der Idee verschrieben haben, andere Musik zu schreiben als jede vorher geschriebene, und ihrer Musik nur deshalb Wert zumessen, weil sie anders als frühere Musik ist), geben zu, daß sie das Vorhandensein der vorangegangenen Kunst anerkennen, denn sie schreiben ihre eigene Kunst immer noch in Ausdrücken von jener – bloß schreiben sie in der Antithese und nicht in der Imitation. Klingt Ihnen das zu verworren? Ja. Um es anders auszudrücken, sogar experimentelle, revolutionäre Komponisten, radikal in ihrem eigenen Stil, anerkennen die frühere Musik, wenn sie die revolutionäre Musik schreiben, gerade weil sie zu vermeiden suchen, was vorher war. Deshalb komponieren auch sie in gewisser Art in den Ausdrücken der Musik, die ihrer voranging.

Aber von noch größerer Bedeutung ist es, daß der Einfall aus diesem verrückten, zwingenden Drang heraus entsteht, »etwas zu sagen«. Man redet immer von Unterscheidung zwischen guten und schlechten Künstlern mit der Begründung, daß der gute schöpferische Geist etwas zu sagen habe – »etwas zu sagen«, heißt die große magische Phrase – und der schlechte Künstler hat »nichts zu sagen«.

»Es war eine gut gemachte Symphonie«, liest man in den Zeitungen, »aber es schien nicht, als ob er etwas zu sagen hätte.« Warum will ein Komponist überhaupt etwas sagen? Vorausgesetzt, er habe etwas zu sagen, warum behält er es nicht für sich? Das ist der Zwang, der den Künstler macht. Ich sehe immer ein Bild vor mir: ein Künstler, mit einer Art von Teufel auf dem Rücken, der ihn mit einer Heugabel anstachelt. Ich habe oft dieses Gefühl, wenn ich auf die Bühne trete, um zu dirigieren – irgend etwas stößt mich hinaus, ein Kobold im Rücken. Man bekommt in der Tat selbst Lust, hinauszutreten und diese verrückte Sache auf dem Podium anzuschauen; es ist wirklich eine verrückte Sache. Ein erwachsener Mann steht auf dem Podium und fuchtelt mit den Armen herum; blödsinnig! Aber irgend etwas bringt mich dazu, es zu tun. Es ist ein Zwang. Kein Zweifel – es ist triebhaft. Man kann nichts dagegen tun. Der Akt des Komponierens ist ebenso zwingend. Wenn man etwas zu sagen hat, fließt einem sofort der Mund davon über. Im Privatleben geht das natürlich nicht, denn wenn man da etwas zu sagen hat, muß man warten, bis man an die Reihe kommt, und die Gewißheit haben, daß irgend jemand hören will, was man zu sagen hat. Man hat während einer Abendgesellschaft den günstigen Moment abzuwarten, in dem man sich einschalten und es dann sagen kann. Ist man aber ein Komponist oder ein anderer Künstler, hat man das göttliche Recht, es auf jeden Fall zu sagen. (Das heißt noch nicht, daß es auch gehört werden wird.)

Was zwingt einen dazu, es zu sagen? Es ist das Bedürfnis, sich zu verständigen. Alle Leute hier in Chicago sagen gern, daß wir einsam seien, wir seien »The Lonely Crowd«*, eine einsame Gesellschaft, und das sind wir auch. »Kommunikation« ist das am meisten geschriebene und diskutierte Wort des zwanzigsten Jahrhunderts, und ich meine nicht die Telegraphie. Jeder Mensch möchte sich an irgendeinen anderen Menschen anschließen. Erich Fromm schreibt immer wieder Bücher darüber, wie unfähig wir sind, zu lieben und daß Liebe der einzige Weg ist, um in der Welt Wärme und Verständigung zu finden; ich nehme an, es ist richtig; nur ist Liebe nicht der einzige Weg. Kunst ist auch ein Weg, die Verständigung durch die Kunst. Ich könnte mir denken, daß man von einer innigen Phrase Mozarts wie von etwas der Liebe Verwandtem berührt wird. Könnte man mit einer Paraphrase von Mary Baker Eddy fortfahren und sagen: »Kunst ist Liebe«? Ich glaube, ja. Jetzt werfe ich Ihnen noch einige dieser herausfordernden, verzwickten Fragen an den Kopf. Bedeutet es deshalb, daß Picasso »Liebe« ist? Oder Gertrude Stein? Wenn Kunst der Innigkeit und der Liebe gleichwertig ist, dann muß Picasso Liebe sein.

* David Riesman: »The Lonely Crowd«, a study of the changing American Character.

Selbstverständlich wird dieser Zwang, etwas zu sagen, in uns in Begriffen jener Person, der man es sagen will, lebendig; in unserem Fall ist es eine Zuhörerschaft. Ich weiß, daß ich immer an ein Publikum denke, wenn ich Musik schreibe – nicht wenn ich mir vornehme, Musik zu schreiben, nicht während ich sie tatsächlich niederschreibe –, aber irgendwann während des Komponierens spukt der Gedanke an das Publikum, welches diese Musik hören wird, in mir herum. Viele meiner Komponistenfreunde behaupten, daß sie nichts von einem Publikum spüren, und Ähnliches habe ich auch in Aufzeichnungen früher Komponisten gelesen. Diese Leute beteuern, daß sie das, was sie zu sagen haben, ohne Rücksicht darauf sagen, ob es jemand hört oder nicht, und daß ihnen dies gleichgültig sei. Sie dächten an niemand Bestimmten, sie hätten keine Art von Publikum im Sinn, und sie weisen immer auf Bach, Bruckner und andere hin, die behauptet haben, zur Ehre Gottes zu schreiben und aus keinem anderen Grund. Mit andern Worten, die Komposition eines Musikstückes ist eine Art von mystischem Opfer. Bruckner hat alle seine Stücke nur so geschrieben, es war seine Art, Gott ein Opfer darzubringen. Ebenso komponierte Bach. Andererseits wissen wir, daß besonders Bach ein Komponist von Gebrauchsmusik war. Wir wissen, daß er für einen kommenden Sonntag eine Kantate fertigzumachen hatte, weil sie gebraucht wurde. Man benötigte für Ostern eine Passion oder sonst ein Stück, und Bach schrieb diese Musik; er brachte seine Klavierstücke für den Unterricht heraus und Violinstücke für die Geiger und Orgelstücke für die Organisten. Wie kann man diesen kleinen Widerspruch erklären? Das ist noch eine provokative Frage.

Ist dieses »Etwas zu sagen« vom Gefühl abhängig? Anders ausgedrückt, man kann Tatsachen nicht mit Noten feststellen. Man kann keine Musik schreiben, die jemandem etwas mitteilt, man kann nicht einmal Musik komponieren, die irgendetwas schildern wird, außer man sagt, was diese Musik schildern soll. Hätte die Symphonie von Beethoven, die »Pastorale« heißt, den Namen »Die Verwandlung« (Kafka), könnte sie – mit genau denselben Noten – als »Kafka-Symphonie« interpretiert werden anstatt als »Pastorale«. Die Tatsache, daß Beethoven sagt, ich schreibe eine pastorale Symphonie, die durch das »Erwachen heiterer Empfindungen bei der Ankunft auf dem Lande« angeregt ist, und sie beginnt so...*, bedeutet noch nicht, daß es ländliche Musik ist. Was ist daran ländlich? Es

* Ich spielte die Anfangstakte der Beethoven-Symphonie auf dem Klavier.

ist nur deshalb ländlich, weil man uns sagte, es sei ländlich. Was wäre nun, wenn ich Ihnen sagte, es sei der Beginn von Kafkas »Die Verwandlung«, wenn der Held der Geschichte, Gregor Samsa, am Morgen erwacht...* Sagen wir, er spürt eine Veränderung, irgend etwas an diesem Morgen bei seinem Erwachen ist nicht in Ordnung, er fühlt sich nicht ganz wohl... da ist irgend etwas anderes da!

Ich würde gern den ganzen Satz auf diese Weise durchspielen und dabei eine Parallele zwischen der »Pastorale« und der Kafka-Erzählung ziehen. Vielleicht würde es nicht den ganzen Satz hindurch passen, aber es wäre genügend Material vorhanden, um Ihnen zu zeigen, daß Sie bei dieser Musik nicht unbedingt von der Idee des »Lustigen Zusammenseins der Landleute« gefesselt zu sein brauchen. Wenn sich im letzten Satz ein »Sturm« erhebt, der dann nachläßt, die letzten schnellen Regentropfen noch fallen, und ein »Hirtengesang« zu hören ist, der anzeigt, daß das Gewitter vorbei ist und die Sonne wieder zum Vorschein kommt, so kann all dies ebensogut mit dem Ende der »Verwandlung« gleichgestimmt werden. Der Sturm ist das Kreuz, und der Hirtengesang ist die Nachernte. Ich hoffe, Sie verstehen, was ich meine.

Deshalb ist das, was der Komponist sagt, niemals materiell, kann nie wörtlich genommen werden, sondern muß emotionell sein. Aber natürlich muß sich das Gefühl in der Stille sammeln, und diese Stille liegt eben im Zustand des Halbschlafs auf der Couch, den ich Ihnen beschrieben habe. Ich darf nicht »Couch« sagen, nein. Das Gefühl muß in der Stille gesammelt werden, aber ich möchte einen romantischen Begriff ein für allemal zerstören; bewegte Musik wird nie von einem bewegten Komponisten geschrieben und verzweifelte Musik nie von einem verzweifelten Komponisten. Können Sie sich mich als Komponisten vorstellen, der in verzweifelter Stimmung, in Selbstmordstimmung, bereit, alles aufzugeben, sich ans Klavier setzt und die »Pathétique« von Tschaikowsky komponiert? Wie könnte ich das? Ich wäre nicht einmal in der Verfassung, meinen Namen zu schreiben. Es gibt viel romantischen Unsinn des 19.Jahrhunderts, in dem man sich den schöpferischen Künstler in der Stimmung des Werks vorstellt, das er gerade schreibt. Aber das ist eine nachträgliche Vorstellung. Wir schauen nur darauf zurück. Wir sehen Beethoven seine »Pastorale« schreiben, während er durch die Wälder wandert, auf dem Felsen sitzt, dem Rauschen des Bächleins lauscht – und sein Notizbuch

* Ich wiederholte dieselbe Passage. ·

herauszieht! Man kann keine Symphonie schreiben, während man auf Felsen sitzt. Man muß nach Hause gehen, sich in einen Stuhl setzen, am besten die Vorhänge zuziehen und womöglich nicht das geringste von der Natur sehen, weil es einen ablenkt. Man muß sich darauf konzentrieren, wie man die dritte Stimme, die zur Fuge paßt, herausbekommt.

Es ist wohl möglich, daß man auf dem Felsen sitzend, während man das Bächlein betrachtet, alles mögliche erlebt, das sich später in Musik verwandelt, aber es verwandelt sich nicht in dem Augenblick, in welchem man das Bächlein bewundert; genausowenig schreibt man ein verzweifeltes Adagio, während man verzweifelt ist. Deshalb muß sich das Gefühl sammeln, wie Wordsworth sagt, denn wenn man sich mit den Menschen verständigen will, muß man dies in einem verständigungsmöglichen Zustand tun und nicht in Verzweiflung und festgelegter Spannung.

Das letzte, was ich über den Einfall zu sagen habe (mit »Einfall« meine ich die bekannte, magische Phrase des »Etwas zu sagen haben«) ist: wen interessiert es, ob ich etwas zu sagen habe oder nicht? Das ist der große Kummer in unserer Zeit. Denn wer in diesem Saal gibt auch nur einen Deut dafür, daß Roy Harris eine neue Symphonie schreibt – ich meine, wirklich ehrlich und von Herzen. Ich meine auch nicht nur gerade Roy Harris, ich meine irgendeinen Komponisten! Vergleichen Sie nur einen Moment lang die Erregung, die eine neue Show von »Rodgers and Hammerstein« hervorruft – die Tischgespräche, die Aufregung beim Frühstück: »Kinder, eine neue Rodgers and Hammerstein Show!« –, mit der Ankündigung, daß nächste Woche ein neues Streichquartett von mir oder jemand anderem uraufgeführt wird. »Kinder, ein neues Streichquartett von . . . !« Können Sie sich das ausmalen?

Aber das war nicht immer so. Zur Zeit, als Brahms in Wien Symphonien schrieb, sagten die Wiener: »Wissen Sie schon, Brahms hat eine neue Symphonie geschrieben!« Und es war ihnen damit ernst. Und als Verdi oder Puccini in Mailand Opern komponierten, sagten die Mailänder: »Ah, eine neue Oper von Puccini, eine neue Oper von Verdi!« Es war ein großes Ereignis, und es gehörte ihnen, ganz persönlich. So etwas gibt es bei uns nicht. Vielleicht ist es damit vorbei. Das ist eine Frage, keine Feststellung.

Bis jetzt haben wir nur über die rein musikalischen Gesichtspunkte eines solchen Einfalls gesprochen. Es gibt aber viele nichtmusikalische Aspekte, die den Einfall beeinflussen, wie auch immer die Aufnahmefähigkeit in der Trance sein mag. Der Grund, warum ich bei den musikalischen Elementen so lange verweilte, ist, daß die Musik grundlegend dazu tendiert, so abstrakt zu sein, daß sie gewöhnlich unabhängig von nichtmusikalischen Dingen arbeitet. Sie verkörpert sozusagen nichts Bestimmtes. Eine Note ist eine Note, und man kann damit nicht viel anderes machen. *Fis* ist *Fis;* das bedeutet gar nichts. Es ist nicht wie ein Wort. Das Wort »Brot« bedeutet jedem etwas, wie auch immer es in einem Gedicht verwendet wird. Wie poetisch man auch das Wort »haben« sagen will, es heißt immer nur »haben«. Beim Betrachten eines Bildes wird jeder mehr oder weniger denselben Begriff von diesem Bild haben. Aber in dem *Fis* steckt überhaupt kein Begriff. Kurz gesagt, es ist undurchsichtig. Musik ist undurchsichtig und nicht transparent. So kann man es möglicherweise ausdrücken. Da sind Töne, die man hört, und das ist alles, was man versteht, man kann durch die Töne nicht hindurchsehen und eine Bedeutung dahinter erkennen. Worte kann man in der Zeitung lesen: »Ike zieht eine neue Israel-Politik in Betracht« – man hört kein Gedicht, aber man bekommt einen Begriff von etwas, es hat einen Sinn. Man sieht durch die Worte hindurch, sie sind durchsichtig.

Aber auch Worte können natürlich auf undurchsichtige Art gebraucht werden. Wenn Gertrude Stein schreibt: »to know, to know, to love her so«, oder »it makes it well fish«, sind das keine durchsichtigen Worte, da man nichts durch sie hindurch sieht. Man erhält gerade nur Worte, genauso wie man durch die Musik Töne erhält, und wenn die Worte hübsch genug sind, nehme ich an, man kann sich an ihnen selbst freuen. Aber was die Töne betrifft, ist es immer so, außer der Komponist sagt selbst, wie in der »Pastorale«, er wünsche, daß man an noch etwas anderes als an die bloßen Töne denke.

Was sind nun die nichtmusikalischen Dinge, die da in Betracht kommen? Also das erste ist die Lebensfähigkeit des Einfalls. Während man in der Trance liegt, wird irgendwo irgend etwas zensuriert, abhängig davon, zu welcher Kategorie von Komponisten man gehört, und zwar die Wahl der Idee, gleichgültig, wie unbewußt sie ist. Nennen wir es Verständigungsmöglichkeit und unterscheiden wir zwischen Komponisten, denen es wichtig ist, daß sie sich verständigen, und solchen, denen nichts daran liegt. Ich meine diese Freunde, die ich vorhin erwähnte, die da sagen: »Mir ist es gleich, ob es jemand hört oder nicht; ich sitze in meinem Elfenbeinturm und schreibe dieses auf jeden Fall. Das stimmt nicht immer.

270

Irgend etwas muß von der Außenwelt her unseren Einfall mit verständlichen Ausdrücken ein wenig formen. Es gibt viele andere Dinge, welche die Idee bestimmen – zum Beispiel Nationalismus. Dieser Einfluß war besonders im 19. Jahrhundert sehr stark; damals war der Nationalismus vielen Menschen sehr wichtig und schuf besondere Richtungen in allen Künsten durch Männer wie Liszt, der ungarische Rhapsodien schrieb, und Chopin, der polnische Mazurkas und Polonaisen komponierte; plötzlich war auch spanische Musik vorhanden (was wir vorher nie wirklich gehabt hatten), und es gab norwegische Musik von Grieg und böhmische Musik von Dvořák; plötzlich gab es auch etwas, das man französische Musik nannte, und auf einmal hatte sich die deutsche Musik auf deutsche Art geltend gemacht. Dieser ganze Nationalismus ist keine musikalische Angelegenheit. Er hat mit allem zu tun, nur nicht mit Musik; er ist eine nichtmusikalische Idee, die auf einen musikalischen Gedanken aufgetragen wird; wenn man also in irgendeiner Weise national empfindet, wird in der Trance ein nichtmusikalisches Element auftauchen, das auf das, was man macht, bestimmend wirkt. Ich nehme an, für den Ausdruck eines Amerikaners würde dieses Element von selbst die Form von Jazz annehmen. Für mich ist dies der Haken bei dem Ganzen. Wie bewußt oder unbewußt ist dieser Einfluß? Wenn ich mich jetzt absichtlich hinsetzte, um ein amerikanisches Musikstück zu schreiben, würde es, fürchte ich, recht schlecht herauskommen. Wenn mir unbewußt etwas einfiele, das amerikanisch klänge und zufällig vom Jazz beeinflußt wäre, dann hätte ich Aussichten auf ein besseres Stück. Das hat sich immer wieder erwiesen, denn was immer man von »Americana« oder von Amerikanismus ableitet, wird sich zu einem Ganzen fügen und ein organischer Teil der Musik werden. Ich könnte ein Thema aufstellen, das so langweilig ist, wie ein Thema nur sein kann. Ich könnte mich hinsetzen, dieses Thema niederschreiben und sagen: »Das ist eine schrecklich fade Melodie, und außerdem klingt sie nicht sehr amerikanisch.« Ja, wie könnte ich sie amerikanisieren? Gut, ich bringe ein wenig Jazz-Technik hinein. Sagen wir, ich schreibe anstatt eines gleichmäßigen Rhythmus dasselbe mit einem Boogie-Akzent. Das ist leicht. Jetzt hat es etwas mehr Persönlichkeit bekommen und wird etwas interessanter. Ich könnte es sogar noch jazzartiger machen; es gäbe noch verschiedene Möglichkeiten. Ich tue dies alles sehr bewußt, weil ich weiß, wie man es machen muß.

Ich habe Freunde unter den Komponisten, die auf diese Weise komponieren, und es hat immer solche Komponisten gegeben; es hat auch immer Schriftsteller gegeben, die so schreiben, und Maler, die so malen. Sie kommen dann schließlich auch mit einem Werk heraus, das beinahe überzeugend ist. Nehmen wir nun an, Sie wären diese kurze Beschreibung der Arbeitsweise nicht mit mir durchgegangen und ich komme in die Carnegie Hall und spiele Ihnen ein Stück vor, ein neues Stück, das Sie noch nie gehört haben. Ich beginne zum Beispiel mit einer großartigen Einleitung im Hollywood-Stil, der in der Carnegie Hall sehr viel Eindruck machen könnte, wenigstens auf manche Leute. Ich gäbe nicht einmal zwei Pfennige dafür. Aber diese Art von Musik erleben wir immer wieder, und sie macht nicht nur Schule, sondern sie erregt auch großes Aufsehen. Man kann aber immer sagen, ob sie aus dem Innern kommt oder von irgendwo außenher. Die Menschen, die es am besten beurteilen können, sind merkwürdigerweise nicht die Kritiker oder andere Komponisten, sondern das Publikum. Im Grunde genommen ist das Publikum ein recht fest auf den Füßen stehendes kleines Biest, wenn man es so nennen kann, das genau spürt, ob es etwas Echtes erhält oder nicht. Sogar, wenn diese Menschen Musik nicht ausstehen können, wissen sie, ob es »echt« ist oder nicht. Auch wenn sie ein Quartett von Webern hören und Webern nicht mögen, wissen sie, daß diese Musik echt und Webern wirklich ein Komponist ist. Diese Leute können die Kommunikation einfach spüren und können sagen, ob die Musik aus einer inneren Sphäre kommt und nicht bloß in irgendeinem Gehirn entstanden ist.

Ich habe eine kleine Liste anderer Dinge bereit, welche die Trance und den Einfall beeinflussen können, und möchte sie jetzt schnell durchgehen, ohne im einzelnen etwas besonders zu besprechen. Eine Sache, die in Erscheinung treten kann, ist die moderne Richtung der Zeit. Das hängt ein klein wenig mit dieser Jazz-Geschichte zusammen, ist aber nicht genau dasselbe. Plötzlich mag ein großer Aufschwung stattfinden – weg von der Tonalität oder der Tonalität zugewandt. Es kann eine neue Konjunktur anbrechen: für Kammermusik, für neue Zusammenstellungen; es können Stücke für andere Gruppen als für Symphonieorchester oder Chorwerke oder bestimmte Stilarten in Mode kommen. Ich kann nicht alles, was es gibt, erwähnen, aber es handelt sich dabei sicher um nichtmusikalische Anliegen. Andererseits gibt es aber, im Gegensatz zu den modernen Richtungen, wirkliche Richtungen, und diese sind als Teil der Musikgeschichte anzusehen. Die Unterscheidung zwischen echter und moderner Richtung ist wieder jener Unterscheidung gleichzusetzen, die ich vorhin zwischen innerer und äußerer Sphäre machte.

Dann gibt es noch diese Überlegung: »Was werden die Kritiker sagen?« (Etwas, das ganz offen gesagt – bei einem Komponisten vorkommen kann.) Dann die Überlegung: »Was werden meine Komponistenkollegen sagen? Was muß ich tun, um auf sie Eindruck zu machen?« Dann fragt man sich auch noch: »Wie war mein letztes Werk? Und was für eine Art Werk sollte ich jetzt schreiben?« Das wieder ist eine sehr äußerliche Überlegung. »Mein letztes Werk war eine düstere, schwierige, tragische Symphonie; deshalb sollte mein nächstes Werk etwas Leichtes, etwas anderes sein.« Oder die andere Version: »Mein letztes Werk war eine düstere, schwierige Symphonie und hatte so großen Erfolg, vielleicht sollte ich noch eine tragische, düstere Symphonie schreiben, denn es scheint mir gut zu liegen.« Oder: »Den Kritikern gefalle ich, wenn ich ...« oder: »Das Publikum mag mich, wenn ich diese Art und nicht eine andere Art von Musik schreibe; deshalb sollte ich bei der ersten Art bleiben.« Oder – genau das Gegenteil – »gerade weil sie mich gern haben, wenn ich ›A‹ schreibe, werde ich jetzt ›B‹ schreiben, denn ich muß dem Publikum auch meine andere Seite nahebringen; man versteht nicht ...« Alle diese Dinge können sich aufdrängen.

Dann ist da noch die ganze »gute Gesellschaft« und das Diktat der sozialen Struktur. Das wäre eine zu lange Geschichte, um sich hier damit gründlich zu befassen, aber die Sowjetunion müssen wir doch erwähnen, die natürlich das anschaulichste Beispiel einer sozialen Diktatur gibt. Kürzlich erhielt ich einen Brief von einem Freund, der *CBS**-Korrespondent in Moskau ist, in dem er mir einen Bericht sandte – sehr komisch, muß ich sagen –, von einem Treffen der Union der Sowjet-Sozialistischen Komponisten der Sowjet-Sozialistischen Republik – huh, ich kann mich nie an den vollständigen Titel erinnern –, jedenfalls, es ist die Gruppe der Komponisten, und sie fochten wieder den alten Kampf aus zwischen Chrennikov und Kabalewskij und den übrigen. Es scheint, daß der älteste »Wächter«, Chrennikov, seine Meinung geändert hat. Er war immer der Mann, der sagte: »Natürlich muß der Staat vorschreiben, welche Art von Musik geschrieben werden soll, denn wir leben in einem sozialistischen Land, und die Menschen müssen eine Musik erhalten, die zur Revolution und nicht zur Gegenrevolution, zur sozialistischen und nicht zur bürger-

* *Columbia Broadcasting System*

273

lichen Gesellschaft paßt«. Jetzt scheint er plötzlich anderer Meinung zu sein, bringt alle in Aufruhr, und wie mein Korrespondent berichtet, ist jedes Komponieren in der Sowjetunion aufgehalten, bis die neue Regelung entschieden sein wird. Das ist natürlich sehr extrem, kommt aber in der Sowjetunion sehr häufig vor. Dasselbe geschieht, natürlich in viel milderer Art, auch in andern Ländern. Uns wird nichts von einer Verordnung diktiert, aber wir sind verschiedenen andern Verordnungen unterworfen: Angebot und Nachfrage – was ein Dirigent spielen will und was nicht – was das Publikum wünscht – was nicht zu schwierig ist – was nicht zu lang ist – und so weiter.

Dann gibt es die Einflüsse von andern Künsten, die Inspiration durch andere Kunstwerke, durch Autobiographien, durch Bilder, Bücher, durch Geschichten von andern Menschen. Alle diese Dinge können sich in das Erlebnis des Einfalls, während man im Bett liegt, einschleichen. Dann kommt noch der Faktor des Bemühens, mit den andern Künsten Schritt zu halten, dazu, denn die Musik ist immer ein wenig hinter den andern Künsten zurückgeblieben. Deshalb ist es für die Musik eine besondere Aufgabe, zum Beispiel dem Impressionismus zu folgen, der die Malerei und die Dichtkunst lange vor der Musik erfaßt hat, und ebenso war es beim Expressionismus. Dasselbe gilt auch für die verschiedenen entstellenden Aspekte, wie Kubismus in der Malerei oder Funktionalismus in der Architektur. In der Musik tauchte der Funktionalismus erst ungefähr ein Vierteljahrhundert später auf. Aber all dies sind wieder außermusikalische Gedanken, die den Komponisten beeinflussen. Auch wenn er ein Stück für eine besondere Gelegenheit zu komponieren hat, kommen wieder andere Überlegungen in Betracht. Hat ein Komponist den Auftrag, für eine bestimmte Aufführung, für einen bestimmten Dirigenten oder für ein bestimmtes Orchester ein Stück zu schreiben, wird sein Einfall vielleicht davon abhängen, daß er darüber nachdenkt, was für diese Anlässe oder Darsteller am besten passen würde. Wenn ich ein Lied für Maria Callas schreibe, wird es eine andere Art von Lied sein, als wenn ich es für Jenny Tourel schriebe. Dazu kommen noch allerhand verschiedene kleine Dinge, zum Beispiel: wie lange habe ich Zeit für diese Komposition? Nur zwei Wochen? Da muß ich also ein kürzeres Stück schreiben. Hätte ich mehr Zeit, könnte es länger werden.

Jetzt geraten wir natürlich auf den Bodensatz, auf den Grund des Fasses. Das sind Überlegungen, die nie in Betracht gezogen werden sollten, und doch muß man es tun. Der letzte Aspekt ist dann die Selbstkritik; der Zensor im Komponisten selbst, der sagt: »Nein, tu das nicht, es ist Nachahmung... mach es nicht so, es hat keinen Stil... mach das nicht, es ist vulgär.« Und dieser Störenfried, oder wie man ihn nennen will, arbeitet, ob man schläft oder wacht, wenn man, zum Glück, ein guter Komponist ist.

Alle diese erwähnten Dinge beschäftigen mit Recht jeden Komponisten. Der Unterschied zwischen guter und schlechter Ausführung liegt nur in jener äquivalenten Proportion des Unbewußten zum Bewußten. Alles hängt davon ab, wie rasch sich der Komponist entscheidet. Wenn er nichts entscheidet, hat er Glück. Wenn er sich entscheiden *muß*, dann ist er wahrscheinlich überhaupt kein Komponist.

Leonard Bernstein Diskographie

Stand: Dezember 1983

Bela Bartók
Musik für Saiteninstrumente,
Schlagzeug & Celesta
Luciano Berio
Sinfonia (1968)
The Swingle Singers
New York Philharmonic
Leonard Bernstein, Dirigent
CBS 60259
MusiCassette
CBS 4060259

Ludwig van Beethoven
Die 9 Sinfonien
New Yorker Philharmoniker
CBS 77703

Ludwig van Beethoven
Sinfonien Nr. 1 op. 21 und 2 op. 36
New Yorker Philharmoniker
CBS 61901

Ludwig van Beethoven
Sinfonie Nr. 3 Es-Dur op. 55
»Eroica«
Mit Bernsteins Erläuterungen zum
1. Satz
New Yorker Philharmoniker
CBS 61331

Ludwig van Beethoven
Sinfonie Nr. 3 op. 55

»Eroica«
New Yorker Philharmoniker
CBS 61902

Ludwig van Beethoven
Sinfonien Nr. 4 op. 60
und Nr. 8 op. 93
New Yorker Philharmoniker
CBS 61903

Ludwig van Beethoven
Sinfonie Nr. 5 op. 67
New Yorker Philharmoniker
CBS 61904

Ludwig van Beethoven
Sinfonie Nr. 6 op. 68
New Yorker Philharmoniker
CBS 61905

Ludwig van Beethoven
Sinfonie Nr. 7 op. 92
New Yorker Philharmoniker
CBS 61906

Ludwig van Beethoven
Sinfonie Nr. 9 / Chor-Fantasie
Rudolf Serkin, Klavier
New Yorker Philharmoniker
(Das Bernstein-Konzert 2)
CBS 77229

Ludwig van Beethoven
Sinfonie Nr. 9 op. 125
New Yorker Philharmoniker
CBS 61907

Ludwig van Beethoven
Sinfonien Nr. 1 bis 9
New Yorker Philharmoniker
Leonard Bernstein, Dirigent
CBS 79701

Luciano Berio
Sinfonia (1968)
Bela Bartók
Musik für Saiteninstrumente,
Schlagzeug & Celesta
The Swingle Singers
New York Philharmonic
Leonard Bernstein, Dirigent
CBS 60259
MusiCassette
CBS 4060259

Hector Berlioz
Symphonie Fantastique op. 14
New Yorker Philharmoniker
CBS 61910

Leonard Bernstein
Sinfonische Tänze aus West Side
Story · Sinfonische Suite aus On
the Waterfront
New Yorker Philharmoniker
CBS 61096

Das Bernstein-Konzert 1
Bizet: Carmen-Suiten Nr. 1 + 2
L'Arlésienne-Suiten Nr. 1 + 2
Grieg: Peer-Gynt-Suiten Nr. 1 + 2
Offenbach: Gaité Parisienne
New Yorker Philharmoniker
CBS 78229

Das Bernstein-Konzert 2
Beethoven: Sinfonie Nr. 9 / Chor-
Fantasie
Rudolf Serkin, Klavier
New Yorker Philharmoniker
CBS 77229

Bernstein-Sinfonien-Edition
Beethoven: Sinfonien Nr. 1–Nr. 9
Brahms: Sinfonien Nr. 1–Nr. 4
Haydn: Sinfonien Nr. 82–Nr. 87
Schumann: Sinfonien Nr. 1–Nr. 4,
Manfred-Ouvertüre
Sibelius: Sinfonien Nr. 1–Nr. 7
Tschaikowsky: Sinfonien
Nr. 1–Nr. 6
Dvořák: Sinfonie Nr. 9
Mozart: Sinfonien Nr. 40, Nr. 41
Schubert: Sinfonien Nr. 4, Nr. 8
New Yorker Philharmoniker
Leonard Bernstein, Dirigent
CBSGM 30

Georges Bizet
Sinfonie Nr. 1 C-Dur
Serge Prokofieff: Sinfonie Nr. 1
D-Dur
Paul Dukas: Der Zauberlehrling
New Yorker Philharmoniker
CBS 61071

Georges Bizet
Carmen-Suiten Nr. 1 + 2
L'Arlésienne-Suiten Nr. 1 + 2
Edvard Grieg: Peer-Gynt-Suiten
Nr. 1 + 2
Jacques Offenbach: Gaité
Parisienne
New Yorker Philharmoniker
(Das Bernstein-Konzert 1)
CBS 78229

Bolero
Chabrier: España

De Falla: Zwischenspiel und Tanz
(La Vida Breve) · Feuertanz
(El Amor Brujo) · Dreispitz-Suiten
Nr. 1 + 2
Ravel: Alborada del Gracioso ·
Bolero · La Valse · Rhapsodie
Espagnole
New Yorker Philharmoniker
CBS 77255

Benjamin Britten
The young person's guide to the
orchestra op. 43
Camille Saint Saëns: Karneval der
Tiere
New Yorker Philharmoniker
CBS 72567

Anton Bruckner
Sinfonie Nr. 9 d-Moll
New Yorker Philharmoniker
CBS 61646

Alexis Emanuel Chabrier
España
De Falla: Zwischenspiel und Tanz
(La Vida Breve) · Feuertanz
(El Amor Brujo) · Dreispitz-Suiten
Nr. 1 + 2
Maurice Ravel: Alborado del
Gracioso · Bolero · La Valse ·
Rhapsodie Espagnole
New Yorker Philharmoniker
CBS 77255 (Bolero)

Paul Dukas
Der Zauberlehrling
Georges Bizet: Sinfonie Nr. 1
C-Dur
Serge Prokofieff: Sinfonie Nr. 1
D-Dur
New Yorker Philharmoniker
CBS 61071

Anton Dvořák
Karneval-Ouvertüre op. 92 · Slawi-
sche Tänze op. 46 Nr. 1 + 3
Friedrich Smetana: Ouvertüre und
drei Tänze aus: Die verkaufte
Braut · Die Moldau
New Yorker Philharmoniker
CBS 61803

Antonin Dvořák
Sinfonie Nr. 9
Felix Mendelssohn-Bartholdy
Sinfonie Nr. 4
Wolfgang Amadeus Mozart
Sinfonien Nr. 40 + Nr. 41
Franz Schubert
Sinfonie Nr. 8
New Yorker Philharmoniker
Leonard Bernstein, Dirigent
CBS 79352

César Franck
Sinfonie d-Moll
New Yorker Philharmoniker
CBS 61669

George Gershwin
Rhapsodie in blue
Leonard Bernstein, Klavier
Columbia-Symphonie-Orchester
Ein Amerikaner in Paris
New Yorker Philharmoniker
CBS 75080

Edvard Grieg
Peer-Gynt-Suiten Nr. 1 + 2
Georges Bizet: Carmen-Suiten
Nr. 1 + 2 · L'Arlésienne-Suiten
Nr. 1 + 2
Jacques Offenbach: Gaîté
Parisienne
New Yorker Philharmoniker

(Das Bernstein-Konzert 1)
CBS 78229

Edvard Grieg
Peer-Gynt-Suiten Nr. 1 + 2
Jean Sibelius
Finlandia, Valse Triste,
Der Schwan von Tuonela
New York Philharmonic
Leonard Bernstein, Dirigent
CBS 60105

Joseph Haydn
Sinfonien Nr. 82–Nr. 87
New Yorker Philharmoniker
Leonard Bernstein, Dirigent
CBS 79350

Paul Hindemith
Sinfonie Es-Dur
Sinfonische Metamorphosen
Carl Maria von Weberscher
Themen
New York Philharmonic
Leonard Bernstein, Dirigent
CBS 60288
MusiCassette
CBS 4060288

Gustav Holst
Die Planeten op. 32
New Yorker Philharmoniker
CBS 61932

Gustav Holst
Die Planeten
New York Philharmonic
Leonard Bernstein, Dirigent
CBS 60125

Charles Ives
Sinfonie Nr. 3
»The Camp Meeting«

Central Park in The Dark
Decoration Day
The Unanswered Question
New York Philharmonic
Leonard Bernstein, Seiji Ozawa &
Maurice Peress, Dirigenten
CBS 60268
MusiCassette
CBS 4060268

Latein-Amerikanische Tänze
Villa-Lobos: Bachanias Brasileiras
Guarnieri: Brasilianischer Tanz
Revueltas: Sensemayá
Fernandez: Batuque
Copland: Danzón Cubano
Chavez: Sinfonia India
New Yorker Philharmoniker
CBS 61059

Gustav Mahler
Sinfonien Nr. 1–10
New Yorker Philharmoniker
Londoner Sinfonie-Orchester
CBS GM 15

Gustav Mahler
Sinfonie Nr. 5 cis-Moll
Sinfonie Nr. 10 (Adagio)
New Yorker Philharmoniker
CBS 79250

Gustav Mahler
Des Knaben Wunderhorn
Christa Ludwig, Mezzosopran
Walter Berry, Bariton
New Yorker Philharmoniker
CBS 61825

Gustav Mahler
Sinfonie Nr. 8 Es-Dur
(Sinfonie der Tausend)
Spoorenberg, Jones, Annear,

Reynolds, Procter, Mitchinson,
Rudzjak, McIntyre
Hans Vollenweider, Orgel
Leeds Festival Chorus
London Symphony Orchestra
Chorus
Orpington Junior Singers
Highgate School Boy's Choir
Finchley Children's Music Group
Londoner Sinfonie-Orchester
CBS 77234

Gustav Mahler
Des Knaben Wunderhorn
Kindertotenlieder / Lieder eines
fahrenden Gesellen / Das Lied von
der Erde
Christa Ludwig, Walter Berry, Ja-
net Baker, Frederica von Stade,
René Kollo
New York Philharmonic
Israel Philharmonic
Leonard Bernstein, Dirigent
CBS 79355

Felix Mendelssohn-Bartholdy
Sinfonien Nr. 3 a-Moll op. 56
(»Schottische«), Nr. 4 A-Dur
op. 90 (»Italienische«) und Nr. 5
d-Moll op. 107 (»Reformations-
Sinfonie«)
New Yorker Philharmoniker
CBS 78285

Felix Mendelssohn-Bartholdy
Sinfonie Nr. 3 a-Moll op. 56
»Schottische«
Hebriden-Ouvertüre op. 26
New Yorker Philharmoniker
CBS 61912

Felix Mendelssohn-Bartholdy
Sinfonie Nr. 4

Antonin Dvořák
Sinfonie Nr. 9
Wolfgang Amadeus Mozart
Sinfonien Nr. 40 + 41
Franz Schubert
Sinfonie Nr. 8
New Yorker Philharmoniker
Leonard Bernstein, Dirigent
CBS 79352

Wolfgang Amadeus Mozart
Sinfonien Nr. 40 + 41
Antonin Dvořák
Sinfonie Nr. 9
Felix Mendelssohn-Bartholdy
Sinfonie Nr. 4
Franz Schubert
Sinfonie Nr. 8
New Yorker Philharmoniker
Leonard Bernstein, Dirigent
CBS 79352

Jacques Offenbach
Gaité Parisienne
Georges Bizet: Carmen-Suiten
Nr. 1 + 2 · L'Arlésienne-Suiten
Nr. 1 + 2
Edvard Grieg: Peer-Gynt-Suiten
Nr. 1 + 2
(Das Bernstein-Konzert 1)
New Yorker Philharmoniker
CBS 78229

Serge Prokofieff
Sinfonie Nr. 1 D-Dur »Klassische«
Georges Bizet: Sinfonie Nr. 1
C-Dur
Paul Dukas: Der Zauberlehrling
New Yorker Philharmoniker
CBS 61071

Serge Prokofieff
Sinfonie Nr. 5 B-Dur op. 100

Israel. Philharmoniker
CBS CD 35877

Francis Poulenc
Gloria
Judith Blegen, Sopran
Westminster Chor
New Yorker Philharmoniker
Igor Strawinsky: Psalmen-
Symphonie
The English Bach Festival Chorus
Londoner Sinfonie-Orchester
CBS 76670

Maurice Ravel
Bolero · La Valse · Rhapsodie
Espagnole
New Yorker Philharmoniker
CBS 61027
MusiCassette 40610277

Maurice Ravel
Bolero · Alborado del Gracioso ·
La Valse
Orchestre Nationale de France
CBS 76513

Maurice Ravel
Alborado del Gracioso · Bolero ·
La Valse · Rhapsodie Espagnole
Alexis Emanuel Chabrier: España
De Falla: Zwischenspiel und Tanz
(La Vida Breve) · Feuertanz
(El Amor Brujo) · Dreispitz-Suiten
Nr. 1 + 2
New Yorker Philharmoniker
CBS 77255

Rossini-Festival
Ouvertüren zu: Die Italienerin in
Algier · Der Barbier von Sevilla ·
Die seidene Leiter · Die diebische
Elster · Semiramis

New Yorker Philharmoniker
CBS SPR 25

Camille Saint-Saëns
Karneval der Tiere
Benjamin Britten: The young per-
son's guide to the orchestra
New Yorker Philharmoniker
CBS 72567

Dimitri Schostakowitsch
Sinfonie Nr. 5 d-Moll op. 47
New Yorker Philharmoniker
CBS 25ac 808 Digital

Dimitri Schostakowitsch
Sinfonie Nr. 5 d-Moll op. 47
New Yorker Philharmoniker
CBS CD 35854

Dimitri Schostakowitsch
Sinfonie Nr. 1 F-Dur op. 10
Konzert für Violoncello und
Orchester Nr. 1 Es-Dur op. 107
New York Philharmonic
Leonard Bernstein, Dirigent
Mstislaw Rostropowitsch,
Violoncello
Mason Jones, Solo-Horn
Philadelphia-Orchestra
Eugene Ormandy, Dirigent
CBS 60284
MusiCassette CBS 4060284

Franz Schubert
Sinfonien Nr. 5 B-Dur D 485
Nr. 8 h-Moll op. posth.
»Unvollendete«
New Yorker Philharmoniker
CBS 61691

Franz Schubert
Sinfonie Nr. 8 h-Moll D 759
»Unvollendete«

Felix Mendelssohn-Bartholdy
Sinfonie Nr. 4 A-Dur op. 90
New Yorker Philharmoniker
CBS 61911

Franz Schubert
Sinfonie Nr. 8
Antonin Dvořák
Sinfonie Nr. 9
Felix Mendelssohn-Bartholdy
Sinfonie Nr. 4
Wolfgang Amadeus Mozart
Sinfonien Nr. 40 + 41
New Yorker Philharmoniker
Leonard Bernstein, Dirigent
CBS 79352

Robert Schumann
Sinfonie Nr. 1 B-Dur
»Frühlingssinfonie«
Manfred-Ouvertüre
New Yorker Philharmoniker
CBS 61926

Robert Schumann
Sinfonie Nr. 2 C-Dur
New Yorker Philharmoniker
CBS 61927

Robert Schumann
Sinfonien Nr. 3 Es-Dur
»Rheinische« und
Nr. 4 d-Moll
New Yorker Philharmoniker
CBS 61928

Robert Schumann
Sinfonien Nr. 1–Nr. 4,
Manfred-Ouvertüre
New Yorker Philharmoniker
Leonard Bernstein, Dirigent
CBS 79351

Jean Sibelius
Sinfonien Nr. 1–Nr. 7
New Yorker Philharmoniker
Leonard Bernstein, Dirigent
CBS 79502

Jean Sibelius
Konzert für Violine und
Orchester d-Moll
Zino Francescatti, Violine
New York Philharmonic
Leonard Bernstein, Dirigent

William Walton
Konzert für Violine und
Orchester
CBS 60287
MusiCassette CBS 4060287

Jean Sibelius
Finlandia, Valse Triste,
Der Schwan von Tuonela
Edvard Grieg
Peer-Gynt-Suiten
Nr. 1 + 2
New York Philharmonic
Leonard Bernstein, Dirigent
CBS 60105

Friedrich Smetana
Ouvertüre und drei Tänze aus:
Die verkaufte Braut · Die Moldau
Anton Dvořák: Karneval-Ouvertü-
re op. 92 · Slawische Tänze op. 46
Nr. 1 + 3
New Yorker Philharmoniker
CBS 61803

Richard Strauss
Der Rosenkavalier
Christa Ludwig, Gwyneth Jones,
Walter Berry, Lucia Popp, Placido
Domingo, Chor der Wiener Staats-
oper

Wiener Philharmoniker
CBS 77416

Igor Strawinsky
Das Strawinsky-Album
Le sacre du printemps · Petruschka
Der Feuervogel
New Yorker Philharmoniker
CBS 77245

Johann Strauß
An der schönen blauen Donau
op. 314 · Kaiserwalzer op. 437
Wiener Blut op. 354 · Künstler-
leben op. 316 · Frühlingsstimmen
op. 410
New Yorker Philharmoniker
CBS 61135

Peter Tschaikowsky
Capriccio Italien op. 45 · Francesca
da Rimini op. 32
New Yorker Philharmoniker
CBS 61846

Peter Tschaikowsky
Der Schwanensee op. 20
(Ballett-Suite)
New Yorker Philharmoniker
CBS 61205

Peter Tschaikowsky
Sinfonien Nr. 1–Nr. 6
New Yorker Philharmoniker
Leonard Bernstein, Dirigent
CBS 79605

Giuseppe Verdi
Falstaff (Gesamtaufnahme)
Dietrich Fischer-Dieskau ·
Ilva Ligabue · Regina Resnik ·
Graziella Sciutti · Juan Oncina ·
Rolando Panerai

Wiener Philharmoniker
CBS 77392

Giuseppe Verdi
Messa da Requiem
Martina Arroyo, Sopran
Josephine Veasey, Alt
Placido Domingo, Tenor
Ruggiero Raimondi, Baß
Londoner Sinfonie-Chor
Londoner Sinfonie-Orchester
CBS 77231

William Walton
Konzert für Violine und
Orchester
Jean Sibelius
Konzert für Violine und
Orchester d-Moll
Zino Francescatti, Violine
New York Philharmonic
Leonard Bernstein, Dirigent
CBS 60287
MusiCassette CBS 40 60287

**Die schönsten Walzer
und Märsche**
Strauß: An der schönen blauen
Donau/Kaiserwalzer/Wiener Blut/
Künstlerleben/Frühlingsstimmen –
Bizet: Toreromarsch – Wagner:
Festmarsch – Meyerbeer: Krö-
nungsmarsch – Tschaikowsky: Sla-
wischer Marsch – Strauß: Radetz-
ky-Marsch – Verdi: Triumphmarsch
– Miles, Lovells, Zimmermann:
Anchors Aweigh – Alford: Colonel
Bogey – Arne: Rule Britannia – De
Lisle: Marseillaise – Sousa: Stars &
Stripes
New Yorker Philharmoniker
Leonard Bernstein, Dirigent
CBS 88624
MusiCassette CBS 40 88624

Wieland Ziegenrücker
Allgemeine
Musiklehre
mit Fragen und Aufgaben
zur Selbstkontrolle

Bd. 33003

GOLDMANN **SCHOTT**

BERND ENDERS

LEXIKON MUSIK- ELEKTRONIK

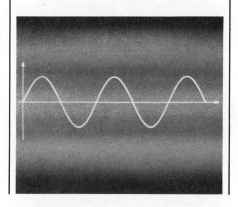